教育发现

教育发现 EDUCATION DISCOVERY

散文可以这样读

SAN WEN KE YI ZHE YANG DU

本书系江苏省中小学教学研究第15期立项课题『指向言语思维发展的阅读教学实践研究』（课题批准号：2023JY15-L299）研究成果之一。

王清 著

山东文艺出版社

图书在版编目（CIP）数据

散文可以这样读 / 王清著. -- 济南：山东文艺出版社, 2025.4. -- ISBN 978-7-5329-7322-4

Ⅰ. G633.333

中国国家版本馆 CIP 数据核字第 2025N7S723 号

散文可以这样读

SANWEN KEYI ZHEYANG DU

王　清　著

主管单位	山东出版传媒股份有限公司
出版发行	山东文艺出版社
社　　址	山东省济南市英雄山路 189 号
邮　　编	250002
网　　址	www.sdwypress.com
读者服务	0531-82098776（总编室）
	0531-82098775（市场营销部）
电子邮箱	sdwy@sdpress.com.cn
印　　刷	山东新华印务有限公司
开　　本	710 毫米 × 1000 毫米　1/16
印　　张	16
字　　数	208 千
版　　次	2025 年 4 月第 1 版
印　　次	2025 年 4 月第 1 次印刷
书　　号	ISBN 978-7-5329-7322-4
定　　价	55.00 元

版权专有，侵权必究。如有图书质量问题，请与出版社联系调换。

总 序

非构思解写：语文工具性与人文性的真正统一

马正平

很多年前，我便十分关注江苏省特级教师王清老师的"非构思"写作教学研究。近日，他将课题研究的系列成果发给我，征求我的意见，并请我作总序，我欣然允诺。首先，这是因为他所研究的课题是全国关于"非构思"语文教学研究的第四个省级课题，值得鼓励。其次，他的研究并未停留在写作教学领域，而是自然地扩展到阅读教学领域，这是我的"非构思"语文教学的应有之义。再次，王清老师的学术基础良好。他在文学理论、写作学理论、语言学理论、语文课程与教学论以及文本解读学等方面用力甚勤且深。他的研究成果丰硕，令人十分高兴。最后，也是最为重要的，他既不是我的硕士生也不是我的博士生，而是一个"非构思"写作学的自学者、研究者和试验的成功者。他是反复研读我的写作学专著《写的智慧》、高等写作学教程系列图书和我指导的相关硕士论文之后，才喜欢上"非构思"理论，最后走上研究、实践道路的。他的成功再一次验证了"非构思"写作学和"非构思"语文课程与教学论的客观性、有效性、普适性。他的研究与实践对于深化语文新课改具有非常重要的典范意义。

"非构思"理论认为,"非构思"写作是一种生长性写作,它所依赖的言语思维是一种非形式逻辑思维。"非构思"写作教学便是一种以此思维为抓手,建构学生写作核心素养的全新的教学范式。这种写作核心素养主要包括重复与对比的赋形思维能力、综合与分析的路径思维能力以及直观与折射的审美思维能力。阅读从本质上讲就是一种文章解写,它与写作是互通的。阅读的过程便是运用上述写作核心素养分析文章的情感、思想、精神的过程。因此,"非构思"阅读教学主张引导学生通过文章表层结构背后的重复与对比的赋形思维,以及路径思维,对上下文进行连续性分析,来理解文章的情感思想内容,然后,运用直观与折射的审美思维感悟文章之美,从而完成阅读教学立德树人的教育目标。

在"非构思"语文教学中,"非构思"文本解读具有十分重要的意义。它既不是西方后现代的"读者中心论",也不是伽达默尔"哲学阐释学"的多元主义、虚无主义的后现代阅读观、文本解读观,而是一种比意大利著名阐释学家贝蒂的"逻辑阐释学"更为深化、更为科学深入的"本义阐释学"或"作者阐释学"。与贝蒂的"逻辑阐释学"含义不明的"逻辑"概念相比,"非构思"文本解读学的"逻辑"概念十分清晰,而且原理明朗。"非构思"文本解读学是一种"实践逻辑学""创造思维逻辑学",一种广义的"艺术逻辑学"。

读完王清老师的书稿,我很高兴地看到,作者已经基本把握了"非构思"写作和阅读的基本理念,尤其是正确理解了重复与对比的写作赋形思维原理。这保证了该系列论著对各类文本的"非构思"解读,保证了"非构思"阅读学、文本解读学、本义阐释学的基本精神的实现。我还高兴地看到,作者把"非构思"写作学中的"写作胚胎"理论，即"文章开笔"概念引入文本解读实践，并形成了自己的阅读分析解读模型。

首先，在解读的引言部分，先对以往各种预设性、理性化阅读和多维度文本解读中出现的种种问题、矛盾进行剖析，从而引出作者运用"非构思"阅读理念对文本本义进行解读。接着，他通过重复与对比的赋形思维或因果性路径思维操作模型对文章写作胚胎的深刻内涵进行解读，从而引出文章基调，并以此为主体部分的渲染与反衬思维的对象。然后，对文章主体部分进行多重渲染与对比的"非构思"解读。

在这里，他所谓的多重"非构思"分析策略具有两个或三个分析层次：

第一，是宏观层次的赋形思维和操作模型分析，即对重复与对比的赋形思维对象进行总体性、分类性、跳跃性、论证式分析。例如，在《故乡》的"非构思"解读中，首先从宏观层面分成三类进行对比，即少年闰土与中年闰土的对比、"豆腐西施"与"圆规"的对比、成人之间与儿童之间的对比；在中观层面则是对上述三组对比的赋形思维关系从显性和隐性两个方面进行分析；第三个层面即微观层面，是对各种各样的描写对象，例如外貌的对比，行动、神态、语言、景物的对比的赋形思维关系进行分析。

大家可以看到，每经过一个层面的对比分析，文章所塑造的人物形象就感受、体验得更强烈、浓郁一些。当三个层面的对比性分析完成之后，人物形象就感受、体验得十分鲜明了，作品所塑造的人物就十分典型了。小说的典型形象就是通过这样的重复、对比或渲染、反衬的赋形思维、形象思维、艺术思维、审美思维创造出来的。这样，小说作者的艺术表达的本义，就被非形式逻辑化地无懈可击地解读了出来。

例如：在《驿路梨花》的"非构思"解读中，首先从宏观层面进行多重赋形思维分析，即从意象（物象）渲染和情节渲染两个方面进行赋形思维关系分析；在中观层面上，又分成两个方面进行分析，即首先把意象渲染分成梨花和小屋两个方面，进行重复性赋形思维关系的分析，然后把情节渲染分成误会瑶族老人和误会哈尼姑娘两个方面，进行重复性赋形思维的人物关系的分析。作者对阿来小说《溜索》、对《智取生辰纲》的赋形思维分析也是如此。在这里，每一个层面上的赋形思维分析又是一种宏观上的重复性、渲染性赋形思维、形象思维分析。

我发现，王清老师在引进我的"非构思"写作和阅读的基本理念的同时，还吸收了国内外一些文学理论和文本分析的理论充实自己的理论素养。例如，他吸收了巴赫金的"复调"文学理论进行小说文本的"非构思"解读（《故乡》中的"沉郁哀婉的复调式叙事"）。同时更多地吸收了中国当代语文解读领域中颇有影响的著名文艺理论与写作学家、著名语文教育家孙绍振先生的"还原"分析、"错位"分析等先进的分析解读理念。这些都是很科学的文学理论和文本分析理论，因为从本质上讲，它们仍然是重复与对比的赋形思维、形象思维、艺术思维的基本原理的表现形态与现象。

此外，王清老师还吸收了韩礼德的"语篇学"分析理论。事实上，韩礼德的"语篇"概念，在"非构思"写作学中，是一种"渐进"与"平列"的言语表层的表达结构，它的深层结构是重复与对比的赋形思维。"非构思"解读，其实，就是从"渐进"与"平列"的语言表层结构的"语篇"中去揭示背后、深处的情感、思想、感受、感觉的重复与对比的赋形思维。

从这里可以看出，王清老师在这一系列论著中，建构了一种"非构思"解读的工作思维模型、分析技术，即从宏观、中观、微观的不同层面对作品中的写作对象（人物、情感、性格、外貌、心理、景物、器物、环境等）的重复与对比或渲染与反衬的赋形思维关系进行分析，从而把作者所希望塑造的典型形象的性格、精神、情感充分地解读出来。而这种文本解读的思维模型，仍然是重复与对比的赋形思维，是一种非形式逻辑的实践思维模式。王清老师的"非构思"解读模型不仅能帮助人们感受、理解文本中所隐含的主题思想和情感、态度、价值观，而且他在赋形思维、路径思维的反复分析中，所运用的写作赋形思维的操作技术原理，对于中小学语文教学工作来说，是非常重要、非常有效的策略与方法。

  应该看到，王清老师用重复与对比的赋形思维操作模型这个"过程与方法"，既分析出了文本所隐含的作家想竭力表达的作品人物与作家的情感、态度、价值观，还能培养学生和老师的语文核心素养，尤其是语文思维素养。也就是说，运用"非构思"解写便可真正实现国家语文新课改所念兹在兹的"工具性与人文性统一"的终极目标，这才是语文新课改目标真正的实现状态，因此，我认为，这是值得大力推广的，是可喜可贺的。

  不过，如果要追求读写一体化的当代或未来的语文教学课型新形态，这就需要建构新的"非构思"解写工作模型。这样的语文阅读课、分析解读课要求，一方面通过文本分析感受、理解作家塑造的典型形象、典型性格和作品背后作家的情感、态度、价值观；另一方面，像写作课的范文分析那样，进行阅读课的文本"非构思"分析，即作"文本解写"。"非构思"文本解写，要求对言语思维过程，即写作赋形思维控制下的因果、构成、过程、程度、相似等写作路径进行分析。

  第二，对全文整体的篇章结构章法进行连续性的重复与对比的写作赋形思维分析，并对从文本中分析出来的情感、思想、精神主体以及背后作者的情感、态度、价值观进行分析之后，还要运用直观与折射审美思维对这些分析成果进行审美生产、审美创生，从而折射生产出这些情感、思想、精神、性格背后的人物和作家的无限心灵时空、思维时空、生命时空，这就是文学之美。这种作品上下文之间的连续性赋形思维与路径思维的双重分析，实际上就是对作家的创作思维、艺术思维、美学思维的还原与重现，让我们清晰地看到作家在进行文学创作过程中，究竟是怎样进行言语思维运动的。

第三，还要对文本中具有较高艺术表达效果的句子主干和枝叶的展开性修辞行文中的重复与对比的赋形思维规律进行细读分析，从而揭示语感生成、艺术技巧生成的赋形思维、修辞手法原理，提炼出修辞思维模型、公式。让学生进行"思维描红"式的描写模仿，通过"每课一练"的"随读微写"，反复模仿，熟能生巧，提高学生的言语艺术表达能力。这是语文教学、写作教学的难题，因为宏观结构章法的赋形思维操作容易学会，而微观语句艺术表达的思维操作较难掌握。

由此看出，读写一体化的文本解写，不仅能够生成作品所表达的情感、思想、精神主题，生成作品人物或作家的情感、态度、价值观，而且能让老师和学生清晰地看到作家的言语思维规律，从而直接掌握写作赋形思维和路径思维。不仅如此，由于这种"非构思"文本分析完成之后，还对文章内容和形式进行了审美活动，这样就在更高的思维、美学层面上实现了"工具性与人文性的统一"。

应该说，这种文本解写是"非构思"阅读教学的另一种工作模型。大家可以根据自己的情况和价值取向自由选择。相比较而言，后一种文本解写的"非构思"解读模式有一定难度，因为其必须建立在当代最新的时空美学原理和审美素养与能力建构的基础上。而对于真正的语文美学教学，过去我们没有太多关注，但这却是语文课程与教学必须进入的最高境界。因为教育部关于"语文核心素养"的内涵界定就是"言""思""文""美",所以,没有真正审美活动环节的语文教育还处于初级语文教育的层面。在语文审美教学问题上,需要更多人像王清老师一样继续努力。

"非构思"解读是一种科学的、民族的、有效的、全新的语文教学理念,真正实现了语文"工具性与人文性的统一"。相信王清老师的这一系列论著出版后,肯定会引起广大语文教师的共鸣,继而试验与推广,因此,这篇序文不局限于介绍推荐这套书,还对"非构思"语文教学的基本理念和"非构思"文本解写的整体内涵和环节进行了展开介绍,这或许对广大读者有所帮助。

是为序。

四川师范大学教授、博导　马正平

2022 年 1 月 7 日

自 序

散文言语思维的幽径繁花

王 清

初涉散文天地，仿若踏入一片迷雾森林，只觉氤氲着美的气息，却辨不清方向。我像一只在繁花间穿梭的蜂蝶，被那些或优美、或质朴的文字深深吸引，却未曾深思其背后的精妙架构。然而，冥冥中似有一股无形的力量，牵引着我去探寻那隐匿于文字枝叶间的言语思维脉络，去揭开散文那神秘而迷人的面纱。

且看《背影》，朱自清先生用最平实的言语，雕琢出一座父爱无言的丰碑。"蹒跚地走到铁道边，慢慢地探身下去……他用两手攀着上面，两脚再向上缩；他肥胖的身子向左微倾……"这寥寥数语，如同电影里的慢镜头，将父亲那略显笨拙却又无比坚定的背影，深深地烙印在岁月的胶片上。言语在此处摒弃了一切华丽的修饰，宛如一把拙朴的刻刀，精准地刻画出父子间深沉而内敛的情感沟壑。每一个动作的描写，都是一颗情感的种子，悄然播撒在读者的心间，生根发芽，长成一片对父爱的敬仰与追思之林，让我们真切领略到散文言语思维如何以最朴素的方式，奏响情感的最强音。

当踏入虚构散文的幽秘花园，《秋天的怀念》恰似一朵绽放在记忆深处的奇异花朵。史铁生在这片文字的园地里，以虚构为画笔，勾勒出一幅饱含深情与遗憾的画卷。他对生活元素的巧妙变形与置换，如将"轮椅"幻化为"三轮车"，隐去父亲的身影，更改母亲离世的时节，看似违背了写实的常规，实则在言语思维的精心编织下，构建起一座通往灵魂深处的情感迷宫。母亲那"咱娘儿俩在一块儿，好好儿活，好好儿活……"的声声叮嘱，似穿越时空的幽咽，在这虚构的迷宫中回荡着最真实、最纯粹的人性光芒。言语思维于此并非对现实简单背离，而是以一种超越尘世的姿态，驾乘虚构的长风，携带着作者对母亲无尽的思念与愧疚，在情感的浩瀚苍穹中肆意翱翔。每一处虚构的笔触，都像是情感星空中的璀璨星辰，看似遥不可及，却以其独特的光芒，将读者引入作者内心那片深邃而复杂的情感宇宙，使我们深刻感悟到虚构散文中言语思维对情感的独特塑造与精神升华。

而虚构散文中的隐喻义，在《散步》中宛如一条幽隐于生活溪流之下的深邃暗河。莫怀戚先生以一次看似平常的家庭散步为蓝本，在言语思维的灵动演绎下，赋予文章以深刻的时代隐喻与人生哲理。在文中，作者虚构出"我的母亲要走大路，大路平顺"与"我的儿子要走小路，小路有意思"的分歧场景。这一虚构的矛盾，恰似平静湖面上人为泛起的涟漪，为故事增添了曲折与深度。它不仅仅是情节上的巧妙设置，更是一种象征与隐喻的精妙构建。在这家庭琐事的表象之下，隐藏着对家庭变革、代际沟通以及社会秩序等宏大命题的深刻思考。言语思维在《散步》里犹如一位深邃的领航者，引领读者穿越生活的浅滩，潜入隐喻的深河，去探寻那隐藏在日常背后的时代密码与人性奥秘，使我们在阅读家庭故事的同时，能以小见大，洞悉更为广阔的社会与人生画卷。

解读散文，若欲深入其文学意蕴的幽深处所，言语思维策略便是那盏照亮幽径的明灯。以《春》为例，朱自清先生以灵动跳跃、生机盎然的言语思维，唤醒了沉睡在大地怀抱中的春天精灵。"盼望着，盼望着，东风来了，春天的脚步近了。一切都像刚睡醒的样子，欣欣然张开了眼。山朗润起来了，水涨起来了，太阳的脸红起来了。"这一连串活泼俏皮的语句，似一群欢快的春之使者，以字词的灵动选用、句式的轻快构建以及修辞的巧妙铺陈，编织成一曲春的欢歌。言语思维在此处化身为神奇的魔法师，赋予了春天以鲜活的生命与蓬勃的活力，使读者仿若身临其境，能真切感受到春风的轻抚、春花的娇艳、春阳的温暖。而在这繁花盛景的背后，潜藏着作者对新生事物的由衷赞美、对美好生活的热切向往。透过对这一言语思维策略的深入剖析，我们仿佛穿越文字的花海，步入作者的心灵芳甸，与他一同聆听生命的律动，沐浴希望的曙光，体悟散文文学意蕴的深邃无垠与言语思维的奇妙魅力，感受到它如何在文字的天地间搭建起一座沟通读者与作者灵魂的彩虹之桥。

　　散文中的"人"，则是一面映射人性百态与情感波澜的澄澈湖水。在《济南的冬天》里，老舍先生以细腻入微、温婉灵动的言语思维，将济南城与人的情感交融成一幅和谐美妙的画卷。"一个老城，有山有水，全在蓝天下很暖和安适地睡着，只等春风来把他们唤醒……"这座老城在先生的笔下，宛如一位静谧慈祥的长者，或是一位娴雅温柔的佳人，其性格特质与城中之人的生活态度和情感韵律相互映衬、相得益彰。城中居民在冬日暖阳下的那份悠然自得与惬意满足，如丝丝涟漪，悄然融入城市景致的每一处描绘。言语思维在此仿若一条无形的情感纽带，将人性的温度与自然的景致紧密相连，使我们清晰地看到散文中的"人"并非孤立的个体形象刻画，而是与周围环境共生共荣、相互交织的情感综合体。他们赋予城市以灵动的灵魂，而城市亦成为他们情感的温馨港湾与诗意寄托，让我们深切领略到"人"在言语思维的映照下所展现出的丰富内涵与独特魅力，如湖水中倒映的天光云影，变幻无穷，韵味悠长。

散文可以这样读

  在解读这十三篇散文语篇的漫漫征途中，我仿佛置身于一条蜿蜒曲折、充满未知的心灵幽径。时而在情感表达的迷雾中徘徊往复，苦苦思索散文如何凭借言语思维将情感的丝线编织得如此细密入微、动人心弦；时而在虚构与真实的交错迷宫中迷失方向，竭力探寻虚构散文背后言语思维的隐秘路径与创作密码；时而在隐喻义的深邃幽潭中艰难摸索，渴望捕捉那隐藏在文字深处的思想灵光与哲理火花；时而在文学意蕴的崇山峻岭中奋力攀登，执着挖掘那被岁月尘封的精神宝藏与文化瑰宝；时而在人物刻画的复杂湖沼中谨慎跋涉，用心解读人性在散文这片广袤天地里的多元呈现与微妙变迁。

  这一路走来，虽有荆棘刺痛肌肤，有困惑遮蔽视野，但每一次在黑暗中邂逅的那一丝曙光，每一回在迷茫中领悟的那一点真谛，都如熠熠星辰，镶嵌在我前行的道路上，照亮我继续探索的方向。如今，这本《散文可以这样读》恰似我在这散文言语中穿行的珍贵手记，它铭刻着我的足迹，也承载着我对散文的炽热深情与敬畏之心。我由衷地期待，当您翻开这本书时，能与我携手并肩，一同踏上这充满诗意与哲理的散文言语幽径，去采撷那沿途盛开的繁花，去聆听心灵与文字的深情对话，去感受那无尽的文学魅力与思想启迪，让散文的言语之美，如春风化雨，润泽心田，滋养灵魂。

2024 年 11 月 21 日

目 录

世俗生活的终极追问
　　——史铁生《秋天的怀念》的言语思维解读／1

从平凡叙事走向时代隐喻
　　——莫怀戚《散步》的言语思维解读／17

白杨背后的深层逻辑与情感流转
　　——茅盾《白杨礼赞》的言语思维解读／35

纯静的诗美追寻
　　——刘湛秋《雨的四季》的言语思维解读／55

催眠的"理想境界"
　　——老舍《济南的冬天》的言语思维解读／72

不朽的"背影"
　　——朱自清《背影》的言语思维解读／85

"形体思绪"的孕育、流动与纷飞
　　——刘成章《安塞腰鼓》的言语思维解读／120

回忆的诗学
　　——汪曾祺《昆明的雨》的言语思维解读／139

逆境中重塑：回归、构建与涌动
　　——陆定一《老山界》的言语思维解读 / 156

唯美的诗性追寻
　　——朱自清《春》的言语思维解读 / 174

双重笔触的美学融合
　　——端木蕻良《土地的誓言》的言语思维解读 / 189

紫色哲思
　　——宗璞《紫藤萝瀑布》的言语思维解读 / 207

孤独的灵魂
　　——陆蠡《囚绿记》的言语思维解读 / 222

后　记 / 233

参考文献 / 237

世俗生活的终极追问

——史铁生《秋天的怀念》的言语思维解读

史铁生的《秋天的怀念》（下称"《秋》文"）是以散文的身份进入教材，并以散文的身份被人们研究和展开教学的。这几乎成了一种约定俗成。然而，近年来学界却发出了不同的声音，认为《秋》文不是散文，不应该当作散文进行研究和教学。

根据刘鹏考证，《秋》文创作于1981年，同年发表在广州的《南风报》上。它最初以小小说的身份被收录在1985年10月由北京十月文艺出版社出版的史铁生的第一本作品集《我的遥远的清平湾》一书中。1995年6月中国社会科学出版社出版的三卷本《史铁生作品集》也把此文作为小说收入。1997年8月人民文学出版社出版《史铁生》时，《秋》文才被收录在散文部分。① 此其一。

其二，散文讲究写实，史铁生却有意把文中的"'轮椅'换成了'三轮车'，隐去了自己的父亲，把自己的好友换成了'邻居的小伙子'，这明显不是由误记造成的，是史铁生用了小说的笔法，通过变形、想象写成的"。另外，"史铁生的母亲是在1977年春天去世的，

---

① 刘鹏.《秋天的怀念》的文体甄别[J]. 名作欣赏，2014（11）：55.

这也明显与事实不符"①。而且,史铁生也见到了母亲最后一面。所以,刘鹏认为《秋》文是一篇小说,而不是写实的散文,应该按照小说的学术规范对其进行研究和展开教学。张代莹则认为《秋》文"是一篇罕见的小说与散文交叉的跨文体写作。在写法上既有基于现实生活的真实情感的抒发,同时又有小说的虚构与变形"②。

其实,我们完全没有必要太过执着于确认《秋》文的文体究竟是什么。史铁生是当代文坛一位非常特殊的作家,他的写作"与他的生命完全同构在了一起,在自己的'写作之夜',史铁生用残缺的身体,说出了最为健全而丰满的思想"③。"终极域,是史铁生作品的基本视点。"④ 从这个意义上讲,我们更应该关注他是如何写作《秋》文的,如何在"这个物欲喧嚣、精神岑寂时代""执著地进行形而上思考的",如何"用文字去追逐那思想层云中的一道道闪电,去感受那浩茫苍穹下亿万生灵的喜笑歌哭"的?⑤ 又是如何通过"对于死亡、苦难、命运、信仰等等的沉思默想,对于人类困境救赎之路的艰苦寻求铸就了一个思想者形象"⑥的?

就史铁生本身而言,他认为自己"与文学并不相干",他"只是写作(有时甚至不能写,只是想)","写作就像自语,就像冥思、梦想、祈祷、忏悔……是人的现实之外的一份自由和期盼,是面对根本性苦难的必要练习"。⑦ 所以,我们不必太过在意《秋》文的文体到

---

① 刘鹏.《秋天的怀念》的文体甄别[J].名作欣赏,2014(11):56.
② 张代莹.《秋天的怀念》的文体再甄别与教学切入点的确定[J].语文教学与研究,2023(3):159.
③ 谢有顺.史铁生:一个尊灵魂的人[J].当代作家评论,2011(2):140.
④ 胡山林.终极域:史铁生创作的基本视点[J].中国青年政治学院学报,1999(2):77.
⑤⑥ 张渝生.论史铁生散文的终极追问与世俗情怀[J].江西社会科学,2007(2):100.
⑦ 史铁生.宿命的写作:在苏州大学"小说家讲坛"上的书面讲演[J].当代作家评论,2003(1):45.

底是什么,而应该把注意力更多地落在史铁生是如何运用"有趣味的形式"展现审美空间和对世俗生活进行终极追问上。

一、终极追问:在复调思维中

"文学的本质意义是:人在想象力支持下面向存在的言说方式。因着'存在'内涵的不同,这一言说方式又呈现出三种变态:1. 人对现实存在进行言说(笔者注:遵循现实有用原则);2. 人对反现实存在进行言说(笔者注:遵循情感有用为主);3. 人对灵魂进行言说。"① 很显然,史铁生的作品属于第三类。而要实现对世俗生活的终极追问,即对灵魂进行言说,并不容易,必须采用一些"有趣味"的言说形式才行。

(一)复调式叙事线索中展开

《秋》文中三次看花的经历并不复杂,如果单单把三次看花的过程拎出来,即仅仅保留课文的第一、三、七自然段,而删除其他段落,也可以成为一篇完整的文章。只不过,这样一来《秋》文几乎就变成了一篇纯叙事的文章,尽管也能表达一个较为明确的中心,但是文本的审美张力就要小许多,给读者留下的思考空间也要小许多,就更别说基于世俗生活进行终极追问了。所以,史铁生采用了复调式言语思维进行叙事,用一种很是特别的"有趣味的形式",来解决这样的问题。

1. 两条清晰可见的叙事线索

从行文上看,《秋》文的复调式叙事跟许多叙事抒情类文章不太一样,两条叙事线索并没有深度融合在一起,不是你中有我、我中有

----

① 李林荣. 作为文体的散文:灵魂的彰显与照亮[J]. 文艺争鸣,1998(4):33.

你的关系，也不是表层与深层的关系，而是彼此清晰可见，似乎没有任何交叉。具体来说，一条线分布在课文的第一、三、七自然段中，以看花为中心，分别写"我"拒绝母亲去看花、答应母亲去看菊花，以及母亲去世后，跟妹妹一起去看花。另一条线分布在课文的第二、四、五、六四个自然段中，写母亲病重及去世。

于是，人们就不得不思考，作者为什么要设计两条清晰可见的叙事线索呢？这样做有什么特别的意图吗？

2. 两条反向对比的叙事线索

仔细阅读《秋》文，便不难发现，原来《秋》文的第一条线，"作者对待'看花'的态度由拒绝到接受，由消极到积极，呈现为一条上行的线"，而第二条线"则叙述了母亲病情的恶化和病危去世的过程"，"呈现为一条下行的线"。① 也就是说，第一条叙事线索写"我"由"死"而"生"，而第二条叙事线索则写母亲由"生"而"死"，这是两条截然相反的叙事线索，它们朝着相反的方向延伸，形成了巨大的对比、反差。很显然，作者在运用复调式言语思维进行叙事的同时，还巧妙地运用了对比式言语思维。而对比式言语思维本质上是一种审美思维，是引领读者在对比中进行反思，并在反思中走向情感、思想，乃至灵魂的审美价值。

3. 两条终极追问的叙事线索

这个世界上没有什么比"生"与"死"的对比更为强烈，更为刻骨铭心。更何况在"我"看来，"我"的由"死"而"生"，是建筑在母亲的由"生"到"死"的基础之上的。尽管这样的执念并不完全正确，但至少在"我"看来，当年如果能够多懂母亲一点，多

---

① 孙琪.《秋天的怀念》文本解读与教学价值的确定［J］. 中学语文教学，2018（4）：58.

照顾母亲的身体一点，多从母亲的角度去思考问题，母亲就不会生活得那么艰难，那么痛苦。因此母亲的去世，使得两条线索的对比变得无比强烈，而这种强烈的对比必然会引起"我"——当然也包括读者在内的深重而持久的反思和对生命的终极叩问。"我"深深地怀念母亲，"我"感到一种无以言说的悔恨与愧疚，但是再如何悔恨与愧疚，也不能换来母亲的复活，我唯一能做的便是懂得母亲的深意，为了母亲，也为了自己，"我"和妹妹必须"好好儿活"。而"对于生存困境中'好好儿活'的领悟"[①]，显然是一种并不指向结果而是指向生命历程的，适用于人类生存的终结追问式的领悟。这就不难理解为什么说《秋》文的经典价值"在于以一种精致圆满的结构形式，一种独具个性的叙述风格，表达了最为真实的自我、最为普遍的生命感悟，作品的感情之真切，意蕴之深沉，具有穿越时空、感人至深、耐人寻味的不朽魅力"[②] 了。

（二）复调式叙述视角中审视

有了复调式叙事结构，《秋》文的言说形式已经很有"趣味"了，但是在作者看来似乎还不够。他再次采用复调式言语思维，在复调式叙事视角下对世俗生活进行更深层次的审视、追问。

其实，运用复调式叙事视角进行叙事并不神秘，任何日常的回忆性言说，基本上都采用双重叙述视角，即两个"我"：一个是"过去的我"，一个是"现在的我"，这两个"我"是交叉存在的。只不过，在日常的回忆性言说中，作为言说者本人并不太自知、不太自觉罢了。而回忆性的文学作品则不同，这种双重视角的复调式言说常常是

---

① 人民教育出版社课程教材研究所中学语文课程教材研究开发中心．义务教育教科书教师教学用书语文七年级上册［M］．北京：人民教育出版社，2016：59.

② 人民教育出版社课程教材研究所中学语文课程教材研究开发中心．义务教育教科书教师教学用书语文七年级上册［M］．北京：人民教育出版社，2016：60.

有意为之，且是不断强化的。所不同的是"过去的我"与"现在的我"不是割裂的，截然不同的，不是独立存在的。事实上，"当时的'我'有一种感受，现在的'我'对当时'我'的感受还有一种再感受。只是这两种感受往往交织在一起难以区分，这是回忆性散文的一个鲜明的文体特征"①。而正是这个"再感受"，使得史铁生的双重视角的复调式言说具有了对世俗生活的审视、追问的意味。

《秋》文主要由三个不同时空的看花片段反复渲染而成，它们都采用了双重视角进行复调式言说。先看"渲染一"和"渲染二"：

"渲染一"是课文的第一、二自然段，主要写"我"拒绝母亲去看花；"渲染二"是课文的第三、四、五、六自然段，主要写"我"同意母亲去看花。这两处情节渲染，"几乎采用了相同的叙事视角和结构方式，先用事件发生当时当刻的叙事视角写母亲邀'我'看花的情形，以细节的方式表现母亲的隐忍、母爱的深挚。再用事件发生之后的叙事视角，展示'我'对母亲的'不懂'"②。

请看"渲染一"中的一部分：

> 可我却一直都不知道，她的病已经到了那步田地。后来妹妹告诉我，她常常肝疼得整宿整宿翻来覆去地睡不了觉。
>
> （课文第 2 自然段）

这里的"可""却""一直"，是"现在的我"对"过去的我"那"暴怒无常"的脾气的反思，是对母亲"悄悄地躲出去""偷偷地听""悄悄地进来"以及"母亲扑过来抓住我的手，忍住哭声"地说的自我审视、反思与追问。"我"非常后悔自己没能早一点发现母亲

---

① 王荣生.散文教学教什么［M］.上海：华东师范大学出版社，2014：118.
② 彭静，李永红."懂"与"不懂"：细节、视角与变奏［J］.中学语文教学，2021（10）：62.

已经病得那么严重，后悔自己用那样的态度对待一位已然生命垂危的母亲。"我"在深深地反思自己为什么会变成那样。"我"在努力追问人处在生命的绝境中，究竟应该以什么样的生命态度自处，又应该以何种人生态度存活？不过，此时的"我"还没有想清楚。

再来看"渲染二"中的一部分：

> 她出去了，就再也没回来。……我没想到她已经病成那样。看着三轮车远去，也绝没有想到那竟是永远的诀别。邻居的小伙子背着我去看她的时候，她正艰难地呼吸着，像她那一生艰难的生活。别人告诉我，她昏迷前的最后一句话是："我那个有病的儿子和我那个还未成年的女儿……"
>
> （课文第 4—6 自然段）

这里的"再也""没想到""绝没有想到""永远的诀别""最后一句话"等同样是"现在的我"对"过去的我"的自我审视、反思与追问。如果说"渲染一"的拒绝看花包含着"我"对母亲愧疚、怀念和自责之情的话，也只能算是"我"作为一个生命个体对"自我"、对"他人"、对"人的生存"的猛然惊醒；而"渲染二"的答应看花则有所不同，文中的"我"对母亲的愧疚、怀念、自责之情更为深沉、更为沉重，因为"我"醒悟得太慢、太迟了，因为母亲已经永远地离开了"我"。而正因为此，作为一个生命个体对"自我"、对"他人"、对"人的生存"的世俗生活的终极追问，就不再是一个可有可无、可回答可不回答的问题，而是一道必须做出选择、必须做出回答的人生命题。

最后，再来看"渲染三"：

> 又是秋天，妹妹推我去北海看了菊花。黄色的花淡雅，白色

散文可以这样读

的花高洁，紫红色的花热烈而深沉，泼泼洒洒，秋风中正开得烂漫。我懂得母亲没有说完的话。妹妹也懂。我俩在一块儿，要好好儿活……

（课文第 7 自然段）

这是《秋》文中第三次看花，即母亲去世后，"我"和妹妹去北海看菊花。但是这次看花，跟前两次不同。"我"不再抗拒看花，不再是应母亲要求被动地去看花，而是主动地去看花。很显然，第三次看花时，"我"的思想、情感发生了很大的改变。这里的"淡雅""高洁"，还有"热烈而深沉""泼泼洒洒，秋风中正开得烂漫"，不仅"象征着母亲的期望：无论遭遇怎样的厄运，无论选择什么样的人生之路，都要活得坚韧，活出尊严，活出自我生命的个性与美丽"[1]，还象征着"我"对母亲的理解、怀念与告慰。

需要注意的是，这里同样有"过去的我"，同样有"现在的我"对"过去的我"的感受的"再感受"。如果说"渲染一""渲染二"中"现在的我"与"过去的我"在思想、情感、态度上的相向、相背中引发了"我"对自我的审视、反思与追问的话，那么，"渲染三"中的两个"我"则在经历了前两次的审视、反思与追问之后，达成了一种和谐与统一，这不仅是一种自我和解，更是一种终极追问式的人生醒悟与到达，这种和谐与统一具有一种别样的禅味。因为"好好儿活"并不指向结果，而是指向过程，而"过程精彩的人是无法被剥夺的，因为死神也无法将一个精彩的过程变成不精彩的过程，因为坏运也无法阻挡你去创造一个精彩的过程，相反你可以把死亡也变成一个精彩的过程，相反坏运更利于你去创造精彩的过程"[2]。

---

[1] 人民教育出版社课程教材研究所中学语文课程教材研究开发中心. 义务教育教科书教师教学用书语文七年级上册［M］. 北京：人民教育出版社，2016：61.

[2] 史铁生. 我与地坛. 长沙：湖南文艺出版社，2016：75.

二、终极追问：在对比思维中

史铁生的散文以"以探寻生命的意义、构筑精神的家园为中心意蕴，由于这一俗而又俗却又万古难灭的问题到了史铁生的笔下被赋予了更为丰厚的精神内涵而震撼着当代文坛"①。就《秋》文而言，这种"丰厚的精神内涵"，泣血般地呈现在史铁生对残疾人自卑、自尊乃至自我救赎的过程中，呈现在一种"有意味的形式"中。② 这种"有意味的形式"，除了体现在上文提到的基于复调式言语思维的复调式叙事中，还体现在运用对比式言语思维所进行的对比式叙事中。

（一）尚能存活与病入膏肓的病情对比

《秋》文中并没有对"我"的病情进行直接的渲染，其主要隐含在对"我"的动作、语言描写中。如：

> 双腿瘫痪后，我的脾气变得暴怒无常。望着望着天上北归的雁阵，我会突然把面前的玻璃砸碎；听着听着李谷一甜美的歌声，我会猛地把手边的东西摔向四周的墙壁。……我狠命地捶打这两条可恨的腿，喊着，"我可活什么劲儿！"
>
> （课文第 1 自然段）

这里的"突然"砸玻璃、"猛地"摔东西，主要渲染"我"的脾气是如何的"暴怒无常"，这样的坏脾气并不是生来就有的，而是双腿瘫痪之后才这样的。这足以说明"我"的身体状况的确不容乐

---

① 陈婉娴.一道独特的文学风景线：史铁生散文的审美价值［J］.当代文坛，2004（4）：86.
② 欧阳光明.从"残疾的人"到"人的残疾"：论史铁生创作的精神嬗变［J］.中国现代文学研究丛刊，2016（12）：69.

观。不过，我终究还能"砸"，还能"猛地"摔，这意味着"我"还有些气力去发泄，还没有坏到那种程度，至少尚能存活。"我""狠命地捶打"两条可恨的腿，也是同样道理。尤其是"我"喊的那句话"我可活什么劲儿"，与其说这里渲染的是"我"的病情有多糟糕，还不如说更多地透露出"我"在心理上病得有多严重——"我"已失去了生活的信心。

而《秋》文中对于母亲病情的渲染则不一样：

> 可我却一直都不知道，她的病已经到了那步田地。后来妹妹告诉我，她常常肝疼得整宿整宿翻来覆去地睡不了觉。
>
> （课文第 2 自然段）
>
> 邻居们把她抬上车时，她还在大口大口地吐着鲜血。我没想到她已经病成那样。……邻居的小伙子背着我去看她的时候，她正艰难地呼吸着，像她那一生艰难的生活。……
>
> （课文第 5、6 自然段）

从"那步田地""常常""大口大口"以及"艰难"等词语可见母亲早已病入膏肓，命在旦夕。但是母亲从不在意自己的身体，直到昏迷前，她最挂念的仍然是"我那个有病的儿子和我那个还未成年的女儿"。这样，"我"的尚能存活便与母亲的病入膏肓产生了对比。

然而，对于母亲的病情，"过去的我"并不知晓，当"我"知晓时，却已成了"永远的诀别"。于是，"我"与母亲病情的对比，便显得尤其的强烈、刺目，它犹如一道闪电直插"我"心，使"我"后悔，使"我"揪心，使"我"产生了沉痛而持久的反思。

（二）绝望消极与隐忍坚强的态度对比

然而，仅仅是强烈而沉痛的反思是不够的，还要使"我"的人生态度有所转变才行,不然,又何来对世俗生活的终极追问呢?于是,便产生了第二层次的对比。

"我"双腿瘫痪之后,脾气变得暴怒无常,不仅仅是"我"的病情让"我"看不到希望,更重要的是,"我"的心理的变化,我的人生态度的绝望消极才是最可怕的。这一切最为鲜明地表现在"我"喊的一句话中:我可活什么劲儿!

而与"我"形成鲜明对比的是,母亲却一直隐忍着,坚强地面对着生活的灾难。她的"悄悄地躲出去"是隐忍,"偷偷地听"是隐忍,她"悄悄地进来,眼边儿红红的"仍然是隐忍。母亲的"总是这么说"是坚强,她扑过来抓住我的手,忍住哭声劝我,也劝她自己"咱娘儿俩在一块儿,好好儿活,好好儿活……"既是隐忍,更是坚强。尤其是课文的第三自然段中,母亲从"北海的菊花开了,我推着你去看看吧"的克制和压抑,到"你要是愿意,就明天?"的试探和克制,再到儿子答应后,母亲解除克制,最后,直到说到"一脚踩扁一个"的戛然而止的重新回归克制和懊悔,母亲那无以言表的内心的纠结和煎熬,既强烈地震撼了"我",触动了"我",也深深地警醒了"我"。① 多少年后,当我回忆起这段往事时,"我"怎能不扪心自问:"我"还应该这样沉沦下去吗?"我"这样做对得起母亲吗?"我"该如何去做?

(三)看花不成与秋日看花的境况对比

有了前两层的对比,"我"已然觉醒,"我"在思考自己的人生,乃至整个人类面对困境应该如何存活这样的终极命题。于是,便产生了第三层对比:母亲在世时的看花不成,跟"我"与妹妹去看花时母亲已经离世的物是人非的境况对比。

---

① 向浩."母亲"的三处语言藏密码:《秋天的怀念》解读[J].中学语文教学,2021(4):64.

这种物是人非，不是简单的时过境迁，而是永远也不能再见的天人永隔。这种巨大的人生变故，使得"我"不得不反思自己的过往态度，不得不思考母亲的一言一行。于是，"我"这才不再拒绝去看花，这才不被动地去看花，而是主动地跟妹妹去北海看花。这不仅意味着"我"的人生态度发生了巨大转变，更重要的是"我"终于慢慢明白了"咱娘俩在一块儿，好好儿活，好好儿活"的真正含义：所有身处绝境的人，只有好好儿活，才能真正走出人生困境。然而，这样的领悟，这样的对人生、对生命困境的终极追问，从某种意义上来讲，是用母亲的离世换来的。这便使得《秋》文变得异常的沉重而震撼人心。

三、终极追问：在错位思维中

如果说复调式言语思维主要侧重于从外在形式上的叙事结构的搭建走向内在审美意义的建构，它使得《秋》文具有了相当深度的指向情感的审美价值，那么，对比式言语思维的运用，则使得《秋》文的内在情感的审美价值更深了一层。不过，这在史铁生看来，似乎是不够的，为了能使《秋》文具有更深层次的审美价值，并使其从世俗生活的简单记叙走向对人生、对生命的终极追问式的言说，他还运用了一种较为特殊的错位式言语思维。

（一）心痛惶恐与无多回应的情感错位

我们先来看看《秋》文中第一、二两次看花的情节是如何运用错位式言语思维进行叙事和抒情的。

通常情况下，年纪轻轻就双腿瘫痪，大好的年华却看不到生活的希望，看不到未来的路在哪里，于是，"我"的脾气变得暴怒无常，这是情有可原，符合生活常理的。不过，作为当事人的母亲，就不是理智上理解那么简单了，而是心疼得不能自已，但是再如何心疼，她也无计可施，因为能想的办法，她都想了，能找的偏方，她都找来试过，都没用。她只能"悄悄地躲出去"，"偷偷地听"，然后，再"悄悄地进来"。这是就母亲而言的，那么，此时的"我"该如何做呢？这里有两个叙事方向。

1. 常规的叙事路径

当时的"我"，虽然对生活很是绝望，但还没有失去理智，所以，当"我"看到母亲眼角"红红的"时，"我"还不至于无法判断母亲在外面已经为"我"哭过了，而且"哭"得很厉害。为人子女者，即便自己再痛苦，也不忍母亲为了自己如此伤心，所以，当母亲提出要带"我"出去看花时，"我"知道她是好意，"她"是希望"我"重新站起来，当时，即使"我"再没有心情，也不会拒绝母亲的请求。答应母亲的请求之后，看到母亲"一会儿坐下，一会儿站起"，还说"赶紧准备准备"时，"我"也不会用近乎呵斥的语气对母亲说：哎呀，烦不烦？

这里需要注意的是，对于母亲的"心痛惶恐"，"我"是充分理解的，对于母亲的请求，我也是有积极回应的。也就是说，如此叙事不但符合基本的生活逻辑，而且"我"与母亲的情感一致，且能够相互理解。但是，这样一来，《秋》文的审美价值在哪里呢？《秋》文还会引起"我"和读者沉重的反思吗？"我"对于世俗生活的人生困境的终极追问，又从何而来呢？

2. 非常规的叙事路径

所谓非常规的叙事路径，就是按照情感逻辑来叙事，而不是生活逻辑。

当时，"我"的情绪已经彻底崩溃，根本无法理智地看待周围的一切。用史铁生自己的话说，"那时她的儿子还太年轻，还来不及为母亲想，他被命运击昏了头，一心以为自己是世上最不幸的一个，不知道儿子的不幸在母亲那儿总是要加倍的"①。在那种情绪状态下，"我"连母亲的病已经发展到那种地步都没有注意到，就更别说关心母亲是多么的痛苦惶恐，多么的艰难煎熬了。他把全部的心思都放在自己身上，深陷自己的人生困境中不能自拔，对于母亲的情感与请求，要么无暇顾及，没有任何回应，要么虽有回应也很烦躁。于是，母亲的"心痛惶恐"便与"我"的"无多回应"之间产生了错位。这种错位越明显，两人之间的情感差距越大，就越能引起"现在的我"更加沉重的反思，就越能促使"现在的我"慢慢领悟"好好儿活"的人生真谛，从而，创造出强大而深邃的审美张力。

（二）愧疚痛悔与无处传达的情感错位

除上文所说的错位式言语思维外，《秋》文中还暗含着另一种错位，也极为重要，它使《秋》文拥有了更高的审美价值和灵魂意义上的哲学意味：对世俗生活的终极追问。这里同样有两个叙事路径：

1. 常规的叙事路径

张代莹、刘鹏认为，从《秋》文的文字表述上看，"我"的母亲是秋天去世的，但是据他们考证，史铁生的母亲是1977年春天才去世的。② 而且，史铁生去见了母亲最后一面。如果这一考证结果属实的话，那么，《秋》文的叙事便有了另外一种可能：常规的叙事。

此时，"我"在医院里见到了母亲，看到母亲病得如此严重，"我"极为痛心悔恨："我"怎么到现在才发现母亲的状况已经如此

---

① 史铁生. 我与地坛. 长沙：湖南文艺出版社，2016：7.
② 参见张代莹的论文《〈秋天的怀念〉的文体再甄别与教学切入点的确定》，以及刘鹏的论文《〈秋天的怀念〉的文体甄别》。

不堪?对于母亲的请求,我怎么能那样的冷漠,以至于深深地伤害了母亲?此时,"我"深深地懂得了母亲,并向母亲表达了愧疚、痛悔之情;母亲见"我"终于走出了人生困境,也感到非常欣慰,了无遗憾地闭上了眼睛。

如果真是这样叙事的话,"我"便有了可以倾诉情感的对象——在医院里,"我"见到母亲最后一面,使得我的情感能够得以顺利的表达;而且,此时的"我"跟母亲的情感是相通的、统一的,"我"彻底理解了母亲,母亲见"我"理解了她的良苦用心,也终于安心地闭上了双眼。虽然这样写不是不行,也有一定的审美价值,但是文学创作也遵循着"痛则不通,通则不痛"的原则,即情感的顺利表达和彻底的理解,必然会使文本指向情感的审美空间缺少必要的张力和深度,而且也使文本对世俗生活的追问缺少必要的厚度。

2. 非常规的叙事路径

但是,如果欲通而无路,诉情而不达时,就大不一样了。

母亲的痛苦、悲伤,以及她那死不瞑目式的离世,深深地震撼了"我",终于使"我"醒悟了过来。然而,当"我"想对母亲表达愧疚、痛悔之情时,母亲却已经与"我"天人永隔,无处传达了。"我"即便有再多的悔恨,母亲也不可能知道了。母亲的挂念、遗憾,随着母亲的去世,也成了永恒的挂念和遗憾。

于是,母子之间的情感再次产生了强烈的错位。[①] 然而,正是这样的永远无法弥补的错位,才让"我"痛彻心扉地反思,并明白了一个道理:"一个人,出生了,这就不再是一个可以辩论的问题,而只是上帝交给他的一个事实;上帝在交给我们这件事实的时候,已经顺便保证了它的结果,所以死是一件不必急于求成的事,死是一个必

---

① 桑苗."叠词":《秋天的怀念》的情感密码[J].中学语文教学,2019(1):52.

然会降临的节日。"① 作为人，尤其是生活在困境中的人，唯一能做的，便是"好好儿活"，便是"让世俗生活有个方向，让生命的价值与意义有条正途"②。

直到这时，"我"才真正明白母亲的"好好儿活"中，"有重病母亲给儿子的暗示，有对儿子的临终叮嘱，更有一个临危母亲的最低祈求"③。这句看似平常的话中，充满了哲理，充满了史铁生对人类世俗生活的终极追问。

---

① 史铁生. 我与地坛. 长沙：湖南文艺出版社，2016：5.
② 张渝生. 论史铁生散文的终极追问与世俗情怀［J］. 江西社会科学，2007（2）：101.
③ 桑苗. "叠词"：《秋天的怀念》的情感密码［J］. 中学语文教学，2019（1）：52.

从平凡叙事走向时代隐喻
——莫怀戚《散步》的言语思维解读

莫怀戚是一位以小说创作见长,"具有浓厚的乡土习性、粗豪的乡土做派和浪漫的乡土气息"① 的当代作家,他的散文作品不多,却很出色,尤其是《散步》(下称"《散》文")。这篇文章"入选教材二十年,经过数代教师的钻研探究,已经有些'新经典'的意味"②。这种"新经典"的意味,除了其颇具特色的语言,或许还可从其丰富多元且大都能自圆其说的解读中窥见一斑。如"亲情—关爱"说、"谦让—和谐"说、"孝道—伦理"说、"中年—责任"说、"生命—感慨"说、"选择—担当"说。③再如,作家本人的"强化'生命',淡化伦理"说等。④

然而,恰恰是这丰富而多元的解读,不禁使人们生出些许疑问来。

散文本是一种"向内转"的,专注于自我心灵倾诉的文体,当

---

① 张育仁. 莫怀戚:一个精神内质上的乡土作家 [J]. 重庆广播电视大学学报, 2016, 28 (3): 60.
②③ 人民教育出版社课程教材研究所中学语文课程教材研究开发中心. 义务教育教科书教师教学用书语文七年级上册 [M]. 北京: 人民教育出版社, 2016: 68 – 69.
④ 莫怀戚.《散步》的写作契机 [J]. 语文学习, 1995 (3): 7.

以表达作者独特的情感为其主要的审美诉求，但是仔细推究上述解读会发现，作为一篇有着"新经典"意味的散文名篇，却没有这样写。这就很奇怪了。到底为什么会这样呢？如果进一步探究这些解读结论的来源，便不难发现，原来莫怀戚在写作《散》文时，并没有按照散文的常规写法直接抒发自己的思想感情，而是跳出常规以叙事为载体，用故事本身说话。①而这明显是一种小说笔法，这就能理解为什么《散》文会有如此多的解读了。

可是，这样一来，一篇"用故事本身说话"的具有小说意味的特殊散文，其背后的象征义、隐喻义就必然会超越作者本人的特殊情感，而成为其主要诉求。事实上，上述多元解读大都是其象征义、隐喻义的不同程度的呈现。只不过，《散》文既然是侧重于象征义、隐喻义的呈现而不是作者本人的独特情感的表达，那么，就不应忘却时代背景，忘却时代隐喻才对。然而，恰恰是如此重要的隐喻义，似乎被人们有意无意地淡忘了，实在有点可惜。本文拟从言语思维的角度，对其时代隐喻进行探寻，或能在上述多元解读的基础上窥见不一样的审美空间。

一、胚胎式言语思维中的时代隐喻

"胚胎思维"，即"胚胎式言语思维"，它在文章写作与阅读中具有极为重要的方法论价值与意义。这里的"胚胎"特指"文章胚胎"，"即最先使作者产生写作冲动的情节、形象、感受，它浓缩了后来文章整体的主要信息，文章整体上是这个文章胚胎的生长、展开、放大、变形，也即分形论所谓的自我复制"②。通常来讲，一篇

---

① 人民教育出版社课程教材研究所中学语文课程教材开发中心. 义务教育教科书教师教学用书语文七年级上册［M］. 北京：人民教育出版社，2016：68-69.

② 马正平. 高等写作学引论（第二版）［M］. 北京：中国人民大学出版社，2011：38.

文章的胚胎大多位于文章开头或结尾。"胚胎式言语思维"则是基于上述概念,特指创作过程中的一种言语思维方式,它关注的是在写作的初始阶段,即文章胚胎阶段,形成的概念、形象、感受等原始素材。这些素材是作者最初的创作冲动,也是文章的主要信息所在。在胚胎式言语思维中,这些原始素材被视为可以生长、展开、放大和变形的种子,通过作者的进一步思考、研究和赋形化演绎,最终发展成为具有完整结构和内容的文章或作品。要想揭示《散》文平凡叙事中的时代隐喻,运用胚胎式言语思维从解读《散》文的胚胎开始,不失为一种可行的路径。

(一) 在反常的言语句式中突出事件

《散》文的胚胎是课文的第一自然段:

> 我们在田野上散步:我,我的母亲,我的妻子和儿子。

文章开篇非常"严肃、庄重地介绍:'我,我的母亲,我的妻子和儿子。'这让人感觉到,文章开篇基调定得很庄重、很严肃,这肯定不是一般的散步,而是另有深意"[①]。然而,要想揭示这种内在的深意并不容易,因为文本是一个封闭的圆,文本含义常常隐藏在严密的言语形式之中,缺少进一步分析的基本抓手。这种情况下,一个行之有效的办法,便是从反常之处入手。事实上,从言语思维的角度讲,作者正是特意地运用反常的言语形式,来表达非常思想、非常情感或某种特定的含义的。

《散》文胚胎的反常之一是言语句式的反常。

通常情况下,课文第一自然段应该这样表述:我,我的母亲,我

---

① 方海玲,贾龙弟. 从语用学角度发掘文本语言形式的深意:以《散步》为例[J]. 语文教学通讯,2012(29):62.

的妻子和儿子在田野上散步。这样表述是一种"事实陈述性"的表述,其根本定位是"实用价值",它追求一种符合客观事实的纯事件的描述,不带有任何情感,即单纯地介绍:"谁"——我,我的母亲,我的妻子和儿子;"在哪里"——田野上;"干什么"——散步。而《散》文的胚胎则不同,它采用了一种反常规的句式,即把"我们在田野上散步"从句尾移到句首,这是一种人为的强调。而"强调"本身是作者意志和特定言语意图的一种体现,无论其体现的是作者对事件的重视,还是对某种特殊情感的暗示或某种氛围的营造,《散》文的胚胎都会变成一种有别于"事实陈述性"表达的"情感抒发性"表达。而后者的根本定位是"审美价值"。就《散》文而言,由于该文的胚胎并没有像常规散文那样进行明确的情感性的暗示和氛围性的营造,而是反常地着重强调"散步"这一事件的重要性,让事件本身说话。这明显是借鉴了小说的写法。小说的本质特点之一是象征、隐喻。这种象征、隐喻可以从虚构的情节、事件或人物中直接产生,如上文提到的"亲情—关爱"说、"谦让—和谐"说等,也可以结合时代背景生发出来,即本文所定义的"时代隐喻"。

(二)在反常的言语方式中强调权威

《散》文胚胎的反常之二是不"简洁"。

这段话中的两个"我的"是否应该删除,人们的认知并不完全统一。部分学者认为不应该删除,因为这是一种文以足言、意以足象式的文学追求,即对言辞和意蕴的充分表达与追求,它跟《文心雕龙》等古代文论中的某些思想是相通的。所谓"文以足言"指的是文辞要足够丰富、恰当,能够充分表达作者的思想;所谓"意以足象"则是指文章的意蕴要足够深厚,能够形象地展现作者所要传达的意境。然而,这样的观点似乎站不住脚。要做到"文辞"足够丰富、恰当,"意蕴"足够深厚,的确要用不同形式、不同内容的言语材料进行反复渲染，以达到丰富、深厚的效果，但这并不意味着就可以进行简单重复式的渲染，这并不是真正意义上的"文以足言、意以足象"。不过，这个讨论的过程本身至少说明了这一反常的言语思维现象已经引起了相关学者的注意。

另外一种观点是，这段话中的两个"我的"完全相同，是言语重复，属于病句，必须删除。而且也没有必要特意标示出来，因为根据上下文，读者完全可以理解这里的"母亲"就是"我"的母亲，这里的"妻子"就是"我"的妻子，根本不会产生歧义。其实，这是一种纯语法学的解读，这样的理由也是站不住脚的。不过，它同样引起了人们的关注，这也是事实。

作为一名著名作家，莫怀戚难道不懂"文以足言、意以足象"的文学原则吗？难道不懂不能进行简单的言语重复这样基本的语法规则吗？但他在明明什么都懂的情况下，还坚持这样写，唯一的解释便是：这是作家的有意为之。

"我的"在汉语里是一种所有格代词，用于表示某物或某人与说话者之间的所属关系。这个词强调了所有权或占有权，即某物是说话者的财产或某人与说话者有特定的关联。尤其是当作家两次强调"我的"时，其所属关系得到了人为的强化，其本质是强调"我的""权威意识"。"根据西方的述行语言理论，一段话或者一个文本不仅能够描述一个事物，而且能够执行它。也就是说，一个文本在表示意义的同时，还能流露出作者（或文中人物）的身份认同和潜在意识。再来看此段话，对家庭成员的介绍都由与'我'的关系或'我'的所有权展开。对'我'的过度强调使'我'的内在身份认同完全暴露，意味着'我'是这个家庭的权威，要对后面的抉择负责。"[1]

---

[1] 李红波. 从小叙事到大叙事：重读《散步》[J]. 中学语文教学，2014(9)：50.

(三)在反常的言语顺序中凸显秩序

《散》文胚胎的反常之三是言语顺序的反常。

通常情况下,作者在介绍散步的人员时,大都会按照从老到小的顺序进行介绍,即母亲、我、妻子和儿子,而不是"我,我的母亲,我的妻子和儿子"。且这种反常的顺序里,似乎还暗含着一种特别的组合,即"我"与"我的母亲"组成老一辈的母子组合,而"我的妻子和儿子"组成新一代的母子组合。这种组合又恰巧在课文的第五自然段中得到了两次暗合:

> 我和母亲走在前面,我的妻子和儿子走在后面。小家伙突然叫起来:"前面也是妈妈和儿子,后面也是妈妈和儿子!"我们都笑了。
>
> (课文第5自然段)

在现实生活中,如果一个事件或一个现象仅仅发生过一次,那叫"偶然";如果多次重复发生,那就是必然。更何况是文学表达呢!要知道,文学表达向来都是"有意识的""有意味的""有隐喻的"的表达,没有闲笔这一说,更何况在一篇不足八百字的散文里竟然前后暗合了三次,而且,还有意无意地把老一辈的母子组合放到前面,新一代的母子组合放在后面。如此非同寻常的暗合与排列顺序,让人不联想都不行。

1. 这是新老交替与权威的传递

在家族结构中,"我"和母亲可以被看作是老一辈的代表,而"我"的妻子和儿子则是新一代的象征。"我"和母亲走在前面,这可以被解读为老一辈在家族或社会中占据先导地位,他们承载着经验和智慧。而小家伙的话"前面也是妈妈和儿子,后面也是妈妈和儿子"不仅揭示了两代母子组合的存在,也可能在隐喻着权威的传递:从老一辈到新一代。

2. 这是一种社会秩序的象征

如果将这种家族结构放大到社会层面,它可能代表着一种社会秩序。在这种秩序中,老一辈的经验和教诲为新一代提供了指导和支持,确保了社会发展的连续性和稳定性。同时,新一代在尊重和学习老一辈的基础上,不断成长和发展,最终将接过老一辈的接力棒,继续维护和发展这种社会秩序。

3. 这是一种文学性情感表达

从文学手法的角度来看,作者通过这样的介绍顺序和后续的场景描写,不仅增强了文章的生动性和趣味性,也巧妙地传达了对家庭、亲情和社会秩序的深刻思考。这种隐喻性的表达方式使得文章更加含蓄而富有深意。

由此可见,《散》文中的人物介绍和场景描写确实可能隐喻着新老两代的"权威"传递以及一种社会秩序。这种隐喻不仅丰富了文章的内涵,也为人们提供了更多思考和解读的空间。

二、矛盾式言语思维中的时代隐喻

运用胚胎式言语思维所写的文章胚胎,虽然浓缩了后来文章整体的主要信息,但它终究只是一种初步的印象式的表达,只是为全篇的写作定下了基调而已。要想使这种印象、基调演变成为整篇文章的思想、情感,还必须运用其他的言语思维方式,在文章胚胎的基础上进行适当的生长、展开、放大、变形才行。

散文可以这样读

（一）突破中拓展

莫怀戚说，"这是一次真实的散步，有真人真景及部分真事"，而且"刚好三代人，主体'我'和'我的妻'，客体'儿子''母亲'齐全"，当时"有歧路，无争执——祖母宠孙子，一下子就依了他"。① 据此，便可对"散步"一事的真实情形作如下还原：

> 春日的一天，母亲本不愿意出来散步，我哄了一阵才同意。于是，我，母亲，妻子和儿子，我们一家人到田野里散步。散步时，遇到了歧路，祖母宠爱孙子，直接依孙子所愿走小路。

这的确是一个完整的故事，不能说完全没有意思，也不能说不能表达一定的思想感情，尤其是加上适当的环境描写后，还是可以表现亲情、责任等主题思想的，再加上作家独特的语言描写，甚至还能表现得更充分一些。但是要想更进一步，表现更深的主题思想，那就难了，因为原始素材实在太贫乏，缺乏必要的表现力。至于，想把文章胚胎中渗透、流露出的权威、秩序等进一步地生长、展开、放大、变形，就更不可能了，因为上述事件根本就不具备文学想象的空间与土壤。

于是，作者便对"散步"这个故事基于真实生活，进行了截取、嫁接与改造，使之更富有曲折性和镜头感，也就是虚构。这样，即使是叙述"散步"这样一件简单的生活小事，也要制造一些波澜，带来一点曲折，这使得《散》文颇有几分小说的色彩。② 而小说通常具有象征、隐喻意义，作家莫怀戚运用了小说的虚构笔法写作《散》

---

① 莫怀戚.《散步》的写作契机［J］. 语文学习，1995（3）：7.
② 人民教育出版社课程教材研究所中学语文课程教材研究开发中心. 义务教育教科书教师教学用书语文七年级上册［M］. 北京：人民教育出版社，2016：68.

文，使得原本只能表达作者独特情感的散文，非常神奇地具有了小说文体才具有的象征义、隐喻义。

（二）反思中隐喻

作者是如何借鉴小说的虚构手法来创构《散》文，使之产生虚构意义的？又产生了什么样的虚构意义呢？这就不得不提到当时的时代背景和为了使《散》文具有虚构意义而使用的矛盾式言语思维了。

20 世纪 80 年代，"中国社会处在改革开放初期，改革奋进、反思创伤和国民性格重构等大主题的文学占据文化的中心"，"《散步》选自 1985 年 8 月 2 日《中国青年报》，写于激烈变革的 20 世纪 80 年代，大叙事的解读该是文中的应有之意"。[①] 这里的"大叙事"就指的是西方叙事学中所说的"宏大叙事"。

那么，如何才能在一篇不足八百字的散文里进行"宏大叙事"呢？作者的策略是运用矛盾式言语思维使得平凡的叙事走向时代隐喻。

这里的矛盾式言语思维，是指写作中通过有意识地运用矛盾、对立、冲突的言语表达，将看似相互矛盾、对立的观点、情感或事物置于同一语境中，以引发读者的思考、共鸣和反思。这种思维方式突破了传统的线性、单一的叙述方式，使文本呈现出多层次、多维度的复杂性和丰富性。

这里有两个关键点。一是使故事产生矛盾、对立、冲突。只不过，《散》文中所叙的只是生活中的平凡小事，还谈不上矛盾、对立和冲突，于是，莫怀戚选择了一种强度较低一点的观点上的"分歧"。即"母亲要走大路，大路平顺"，"我的儿子要走小路，小路有意思"。这样，作为一种中坚力量的"我"，就需要根据具体情况进行评估、衡量与裁决。于是，故事就具有了曲折性和镜头感，故事本

---

① 李红波. 从小叙事到大叙事：重读《散步》[J]. 中学语文教学，2014 (9)：51.

身也具有了可读性。不过，这还不是最为重要的。

二是矛盾式的故事本身已具有象征与隐喻意义，而矛盾（课文中指"祖孙分歧"）解决的过程，更会引起读者的思考、共鸣和反思。这才是最为重要的。因为这是《散》文借鉴小说的虚构笔法，运用矛盾式言语思维进行散文创作的本意所在，如果还是按照常规的散文写法，只是单纯地表达作者独特的情感体验的话，那就没有必要虚构了，没有必要进行文体突破了。

明确了上述两点，接下来，便可以反思《散》文中的时代隐喻了。

反思一：两条路的时代隐喻是什么？

《散》文中母亲和儿子对于走路的选择——大路还是小路，不仅仅代表了他们个人的喜好和意愿，当这些选择被置于20世纪80年代中国改革开放这一宏大的时代背景下时，它们便具有了更深层次的隐喻意义。

母亲选择走大路，大路平顺，这在一定程度上隐喻了改革开放前中国社会的传统路径和思维方式。大路代表着已知、安全和稳定，就像改革前那种按计划、按传统模式行事的社会状态。母亲作为上一代人，她的选择反映了对过去习惯和经验的坚守，反映了她对变革可能带来的不确定性和风险的担忧。

而儿子则要走小路，小路有意思。小路在这里象征着改革开放带来的新路径、新思维和新机遇。小路虽然不如大路平坦，但充满了未知和探索的乐趣，代表着年轻一代对变革的渴望和对新事物的接受。儿子的选择体现了一种面向未来、勇于探索和创新的精神，这与80年代中国社会所倡导的改革开放精神是相吻合的。

因此，这两条路的选择不仅反映了家庭内部代际的差异和矛盾，更隐喻了当时整个社会在改革开放背景下所面临的传统与现代、保守与创新的冲突和融合。通过这种微妙的象征、隐喻手法，莫怀戚成功地将家庭层面的矛盾提升到了社会和时代的高度，使得《散》文具有了更加深远和宏大的意义。

反思二:"我"为什么会"像领袖人物在严重关头时那样"?"我"及"母亲"具有什么样的时代隐喻?

《散》文将母亲、儿子以及"我"(作为父亲和丈夫)对于走路的不同考虑,置于20世纪80年代中国改革开放的时代背景下审视,将"权威""秩序"以及"抉择"的时代隐喻作了表达。

母亲作为上一代人,代表着传统和经验的权威。她选择走大路,大路平顺,这在一定程度上体现了她对于传统路径和既定秩序的认同。这隐喻了改革开放前中国社会的传统路径和思维方式,以及对过去习惯和经验的坚守。儿子作为年轻一代,代表着对新事物和新思维的追求。他倾向于走小路,因为小路有意思,这体现了打破传统、追求个性和自由的渴望。在改革开放的时代背景下,这种精神与整个社会所倡导的解放思想、勇于探索的氛围相契合。而"我"则处在母亲和儿子之间,既承载着对传统的尊重也面临着对新时代的接纳和抉择。"我"的角色隐喻了当时许多中国人在改革开放初期所面临的困境:如何在尊重传统和权威的同时,拥抱变革和创新,寻找个人的道路和位置。

通过母亲、儿子以及"我"对于走路的不同考虑和最终做出的抉择,莫怀戚在《散》文中巧妙地隐喻了当时社会中"权威"与"秩序"的冲突和变革,以及个体在这种时代背景下的抉择和平衡。这种冲突、变革和抉择不仅体现在家庭层面,更反映了整个社会在改革开放初期所面临的复杂而深刻的变化。

反思三:"我"对矛盾的解决以及解决的路径有什么样的时代隐喻?

《散》文中,"我"作为家庭的中心角色和故事的叙述者,面临着母亲和儿子在走路选择上的矛盾。当这一矛盾场景被置于20世纪80年代中国改革开放的时代背景下去审视时,"我"对矛盾的解决方式便具有了深刻的时代隐喻。

"我"在故事中的角色体现了当时许多中国人的身份和处境。作为儿子，"我"承载着对母亲的尊重和孝顺的传统美德；作为父亲，"我"又需要理解和引导年轻一代的追求和梦想。这种双重身份使得"我"在处理矛盾时必须兼顾传统与现代、保守与创新的关系。

　　"我"对矛盾的解决方式隐喻了当时社会在改革开放初期所倡导的"和谐"与"平衡"的理念。面对母亲和儿子的不同选择，"我"没有采取强硬的态度去迫使任何一方妥协，而是通过温和而智慧的方式找到了一个双方都能接受的解决方案。这种解决方式既尊重了母亲的意愿，也照顾了儿子的感受，维护了家庭内部的和谐与平衡。

　　进一步讲，"我"的这种解决方式还可以被看作是对当时社会变革中个体所应具备的"适应性"和"创造性"的一种隐喻。在改革开放的时代背景下，个体需要不断地适应新的社会环境和价值观念的变化，同时也需要发挥自己的创造性去应对各种挑战和机遇。"我"在解决家庭矛盾时所展现出的灵活性和智慧正是这种适应性和创造性的体现。

　　从更宏大的层面来看，"我"对矛盾的解决还隐喻了当时中国社会在面临传统与现代冲突时所采取的一种"中和"的策略。这种策略既不完全否定传统，也不盲目追求现代，而是在两者之间寻找一个恰当的平衡点。从这一点来讲，"我"解决矛盾的过程实际上隐喻了中国社会在改革开放初期所经历的一种文化和心理的重构过程。

　　总之，将《散》文中的矛盾场景放到时代背景下去审视，我们可以发现其中蕴含着的深刻的时代隐喻和宏大叙事。这篇散文不仅展现了家庭亲情和生活的真实面貌，更是当时社会变革中个体家庭所面临的挑战和困境的一种微观呈现。同时，通过对家庭生活中细微矛盾的描写和解决，作者也表达了对当时社会变革的积极态度和对未来的美好期许。

三、语词式言语思维中的时代隐喻

如果说《散》文的胚胎仅仅是对时代隐喻的一种审美化的、较为隐晦式的表达,那么,矛盾式言语思维的运用,则为时代隐喻的显现、达成创造了必要的条件,并使之清晰化。但是要想使这样的时代隐喻真正落地,并具有更为强大的审美张力,还需要另外一种言语思维方式的加持,即语词式言语思维。

所谓语词式言语思维,是指在文学创作过程中,作家以语词为基本单位,通过挑选、组合、变换和创新语词来表达思想、描绘景象、塑造人物、推动情节以及营造特定情感和氛围的思维方式。这种思维方式强调对语词的敏感性和创造性运用,要求作家在创作时能够灵活运用各种语言手段,如语法、修辞、音韵和节奏等,以实现文学作品的艺术效果和审美价值。

(一)大词小用中凸显

"大词小用"是一种精妙的语言运用策略,而非单纯的修辞技巧。人们常将那些语义宏大、具有庄重感或重要含义的"大词",有意识地运用于描述那些相对较小、看似微不足道或日常化的对象上。这样的运用不仅形成了鲜明的语义对比,还产生了出乎意料的夸张效果,从而极大地增强了语言的表现力。

《散》文中的"分歧""责任重大""决定""整个世界"都运用了"大词小用"策略。前三个词语,上文多有涉猎,这里就不赘言了。下面着重分析"整个世界"这个词蕴含的时代隐喻。

请看原文:

我和妻子都是慢慢地,稳稳地,走得很仔细,好像我背上的同她背上的加起来,就是整个世界。

(选自课文第8自然段)

20世纪80年代的中国，正值改革开放初期，国家经历了巨大的社会变革。这一时期的文学作品往往围绕着改革奋进、反思历史创伤以及国民性格的重构等宏大主题展开，形成了所谓的"宏大叙事"风格。在这样的时代背景下，《散》文中的"整个世界"一词，便具有了特殊的时代隐喻。

《散》文中作者运用"大词小用"策略，将"整个世界"这一宏大概念用于描述夫妻二人所背负的母亲和孩子身上。如此不仅形成了鲜明的语义对比，还赋予了"整个世界"一词深刻的时代隐喻。

在这里，"整个世界"隐喻了家庭在作者心目中的至高无上地位，同时也反映了作者对家庭的深刻理解和时代背景下的价值取向。在改革开放初期，随着社会的快速发展和变革，家庭作为社会的基本单位面临着前所未有的挑战和冲击。然而，作者通过"整个世界"这一夸张的表达方式，强调了家庭的重要性和不可替代性，呼吁人们在追求个人发展和社会进步的同时，不要忽视对家庭的关爱和责任。

而更为重要的是，"整个世界"一词还隐喻了当时社会对未来的期待和憧憬。在改革开放的大背景下，人们对未来充满了希望和信心，相信通过共同的努力和奋斗，能够创造一个更加美好、更加繁荣的世界。

因此，《散》文中"整个世界"一词的时代隐喻是多层次的。它不仅强调了家庭在作者心目中的至高无上地位，还反映了当时社会对未来的期待和憧憬。这种隐喻的运用体现了作者深刻的思考和敏锐的时代洞察力，也使得这篇文章在历经多年后仍然具有深刻的启示意义。

（二）对称回环中强化

《散》文中有多处"对称句""回环句"，它们不仅是一种修辞手法，更是一种语词式言语思维方式。只是在以往的解读中人们更多是强调它们外在形式上的语音美、句式对称之美以及回环之美，而没有把它们放在大的时代背景下去考量，致使其时代隐喻被人为地遮蔽了。

现在，让我们来看看这几处含有"听"字的"对称句"和"回环句"：

【句一】她现在很听我的话，就像我小时候很听她的话一样。

（选自课文第2自然段）

"句一"中的两个"听"字，形成了一个代际关系的循环。母亲在年老时听从儿子，儿子在年幼时听从母亲，这既体现了家庭中权力的自然转移，也隐喻了社会变革中老一辈对新一代的认可和依赖。在改革开放初期，这种代际间的"听话"可能还包含了老一辈对新思想、新做法的接纳和学习。

【句二】我的母亲老了，她早已习惯听从她强壮的儿子；我的儿子还小，他还习惯听从他高大的父亲；妻子呢，在外面，她总是听我的。

（选自课文第6自然段）

"句二"中的第一个"听"字表明母亲对儿子的信任和顺从，这在一个变革的时代尤为重要。它隐喻了在社会大变革中，家庭成为个体寻求安全感和稳定性的重要场所。同时，"强壮"一词也暗示了新一代在改革开放中扮演的积极、有力的角色。

"句二"中的第二句话与第一句话相呼应，这里的"听"体现了孩子对父亲的敬仰和遵从。这不仅是家庭教育中权威和榜样的自然体现，也隐喻了新一代在成长过程中对上一代的继承和超越。在改革开放的背景下，这种继承与超越显得尤为重要，它代表了新思想、新文化的连续性和创新性。

"句二"中的第三句话中的"听"字，表面上看似乎是传统的夫权思想的体现，但结合文章的整体语境和时代背景，我们可以理解为这是一种家庭责任和社会角色的分工。在改革开放初期，男性往往更多地承担家庭外的经济责任和社会活动，而女性则更多地关注家庭内部的管理和教育。这里的"听"可能更多地体现了妻子对丈夫在外部事务上的信任和支持。

从语词式言语思维的角度分析《散》文中的五个"听"字，我们可以发现它们不仅构建了文章中的家庭关系和社会关系框架，还隐喻了当时中国社会在改革开放初期所面临的家庭变革、代际沟通以及文化传承与创新等重大问题。

（三）景物渲染中展开

《散》文中的多处景物渲染一直为人们所赞赏，只不过，人们大都从生命的角度或是烘托人物形象的角度去解读，而且不作关联。这就很可惜了。其实，这是作者匠心独运的结果，是作者有意运用语词式言语思维，以一种层层递进式的渲染方式，展现了其对中国社会新时期的"渴望""赞美"以及对未来的"展望"。

1. 渴望春天的到来

【渲染一】天气很好。今年的春天来得太迟，太迟了，有一些老人挺不住，在清明将到的时候去世了。但是春天总算来了。我的母亲又熬过了一个严冬。

（课文第 3 自然段）

"渲染一"中作者反复强调春天来得"太迟,太迟了",暗喻着中国社会在经历了长期的困顿和压抑后,对改革开放新时期的热切渴望。这里的"春天"不仅代表季节的更迭,更是社会变革的象征。而"我的母亲又熬过了一个严冬"则进一步以家庭为缩影,映射出整个民族在艰难岁月中的坚韧与等待。作者通过渲染春天的迟到和母亲的熬冬,将个人的情感体验与宏大的时代背景相结合。这种渴望春天的情感,实际上是对中国社会新时期到来的期盼和呼唤。它反映了当时人们对改革开放政策的深切渴望和对新生活的向往。

2. 赞美初春的田野

【渲染二】这南方的初春的田野!大块儿小块儿的新绿随意地铺着,有的浓,有的淡;树枝上的嫩芽儿也密了;田里的冬水也咕咕地起着水泡儿……

(选自课文第 4 自然段)

"渲染二"中作者用新绿铺排、嫩芽密长、冬水咕咕三次"分渲染"了初春的田野,看起来,这是对勃发生命力的赞美,其实,也是对中国社会新时期所展现出的新气象、新希望的肯定和赞美,更是对社会变革带来的积极影响的认同和歌颂。

3. 展望未来的美景

【渲染三】她的眼睛顺小路望过去:那里有金色的菜花、两行整齐的桑树,尽头一口水波粼粼的鱼塘。

(选自课文第 7 自然段)

"渲染三"中，作者通过母亲的视线，将读者的目光引向远方，展现出一幅美好、有序、充满希望的未来图景。金色的菜花、整齐的桑树、水波粼粼的鱼塘，都传达出对未来美好生活的憧憬和期待。作者通过渲染未来的美景，将个人的情感与对整个社会未来的展望相结合。这种对未来的美好憧憬，实际上是对中国社会未来发展充满信心的体现。它反映了当时人们对改革开放政策的坚定信念和对国家未来的美好期许。

莫怀戚在《散》文中通过三处景物渲染，巧妙地运用语词式言语思维揭示了其对中国社会新时期的"渴望"与"赞美"，以及对未来"展望"的时代隐喻。这种揭示不仅体现了作者深刻的时代洞察力和高超的文学技巧，也为我们理解和感受那个特殊历史时期提供了独特的视角。

白杨背后的深层逻辑与情感流转
——茅盾《白杨礼赞》的言语思维解读

茅盾的《白杨礼赞》(下称"《白》文")创作于1941年3月，后被收录在《见闻杂记》中。该文并非一时一地的即兴之作，而是茅盾游历西北——从新疆到延安再至重庆之后，于重庆精心构思而成。① 这次游历对于茅盾来说具有深远的意义，《白》文更是被其视为珍宝，备受重视。1943年，茅盾编选自己的散文集时，便以"白杨礼赞"为名，并在序言中坦言，此举是为了铭记五年游历中的深刻印象，足见他对西北的深情和对这篇文章的看重。②

学界也颇为推崇，从现有文献来看，对于《白》文的研究经历了由初步探索到逐步深入的过程：早期研究主要侧重于政治意识形态的解读，随后逐渐转向以文学审美为核心的探讨，如象征手法、意境的营造等。自1990年以降，更为宏观的研究视角涌现，涉及纵横对比、文学史地位等方面，评价也从单一的颂扬转向更为理性客观的分

---

① 洪宗礼. 义务教育教科书语文教学参考书八年级（下册）. 南京：江苏凤凰教育出版社，2017：23.
② 吕东亮.《白杨礼赞》的历史性和典范性［J］. 语文建设，2007（4）：42.

析。这标志着对该文的研究正日益成熟、深入。①

综观《白》文的文学批评与学术研究历程不难发现，该文在艺术造诣与思想深度上取得了杰出成就，在中国现代散文史上独树一帜，熠熠生辉。此文不仅标志着中国现代散文史的一个重要转折，而且为后续的文学创作活动树立了崭新的典范。② 尽管如此，历史的回响并非全然是颂歌，其间也夹杂着一些质疑之声。

这些质疑主要集中在两个方面：一是认为过于直白，缺乏深意。范尊娟指出，从审美角度看，《白》文的表达过于直接，未能给读者留下足够的回味与思考空间。③ 二是认为主题和理念先行。张宗刚指出，《白》文以突兀的升华和直白的说教方式，体现了茅盾作品中一贯被诟病的主题先行、理念先行的弊端，导致作品主体性的缺失和审美品质的下降。④

从常规视角来看，这些质疑并非全无道理，因为抒情散文通常应避免过于直白和主题先行的，然而，如果从言语思维的角度进行深度剖析，便会发现茅盾之所以会如此有违常规地高声"礼赞"白杨，是有其深刻的历史背景、文学史背景以及独特的文体诉求的，在白杨这一意象的背后，是有深刻的逻辑思考和丰富的情感流转的。

一、内在逻辑与情感：在胚胎言语思维中

"白杨"背后的深层逻辑与情感流转首先体现在《白》文的胚胎言语思维中。《白》文的胚胎是课文的第一自然段：

---

① 吴妍.《白杨礼赞》研究的回顾与展望//《茅盾研究》第 14 辑：新世纪茅盾研究论文集［C］. 中国陕西西安，2014－07－13.
② 吕东亮.《白杨礼赞》的历史性和典范性［J］. 语文建设，2007（4）：41.
③ 范尊娟. 白璧微瑕：《白杨礼赞》得失谈［J］. 临沂师专学报，1992（4）：81.
④ 张宗刚. 从茅盾散文谈文学创作的"主题先行"问题及其他//《茅盾研究》第 14 辑：新世纪茅盾研究论文集［C］. 中国陕西西安，2014－07－13.

白杨树实在是不平凡的树，我赞美白杨树。

这个文章胚胎中有三个关键词：赞美、白杨树、实在。要想揭示其内涵，就必须从这三个词入手。

（一）赞美

"赞美"一词很重要。它的字面意思很简单，不需要做过多解释。但是，如果一个词在一篇只有一千两百多字的文章里重复出现四次，那就不简单了，它必然蕴含着某种特殊的意味，因为作者不停地强调，不断地渲染，肯定是有其独特的言语意图的。更何况，"赞美"一词首次出现，就是在文章胚胎里，且还是较为显眼的位置，那就更非同寻常了。

那么，它的背后究竟隐藏着什么样的深层逻辑与情感流转呢？

1. 从历史的角度来看

《白》文创作于抗日战争的相持阶段，在这中华民族的危难时期，国民党反动政府不仅消极抗日，还积极反共。他们阴谋制造了"皖南事变"等事件，对抗日力量进行打压，这使得抗战形势变得十分严峻。同时期，国民政府为了躲避日军进攻，将首都从南京迁往重庆。随政府南迁的还有许多倾向于国民政府的知识分子。"富有历史感的知识分子都明白，历史上的南渡从来都没有北返的机会，他们多数人的心情是悲凉的。他们写下的西南游记充满了苦难和悲痛。"[1]

然而，与此同时，全国人民，尤其是西北抗日根据地军民在中国共产党与毛泽东主席的领导下，坚持抗战，毫不妥协。这里军民的精

---

[1] 吕东亮.《白杨礼赞》的历史性和典范性[J].语文建设, 2007 (4): 42.

神面貌全然是另外一个模样,这自然会吸引许多进步知识分子前去投奔。1940年,茅盾从新疆归来,赴延安途中,目睹了北方抗日军民的斗争生活,被他们的坚强和毅力深深感动。在延安期间,他亲身体察了解放区军民的团结战斗精神。而这些见闻和感受,与随同国民党反动政府南渡的知识分子的苦难经历和悲痛心情截然不同,它深深地触动、震撼了茅盾,于是,他强烈地需要采用一种非同寻常的形式歌颂党领导的抗日军民抗战、团结、进步的坚强意志,歌颂中国人民正直、朴质、坚韧不拔、刻苦向上的特质,以唤醒更多的民众一起抗日救亡。① 就是在这样的历史背景下,一篇具有赞颂性质的抒情散文《白杨礼赞》便自然而然地诞生了。这便是"赞美"一词背后的历史逻辑与情感流转。

2. 从文学史的角度来看

五四运动后期,中国"叙事抒情的散文发展起来,散文文笔向着优美的方向发展,形成了着重表现战斗的思想情绪、着重叙事抒情、着重抒发个人闲情逸致三大流派"②。其中,朱自清与冰心是"着重叙事抒情"一派的代表性作家,周作人与林语堂则是"着重抒发个人闲情逸致"一派的代表性作家。这两派的作家都秉承着中国现代抒情散文的传统"闲话"与"独语"。二者都侧重于内心的抒发或交流,笔致是向内的,笔调是柔和的,不是宏大叙事,也不会疾言厉色、振聋发聩。③

而鲁迅与茅盾则是"着重表现战斗的思想情绪"一派的代表性

---

① 吴登植.《白杨礼赞》浅说[J].北京师范大学学报(社会科学版),1978(2):63.

② 程红.政治抒情诗式的散文:从《白杨礼赞》看茅盾对中国现代散文的贡献[J].中学语文教学,2001(8):33.

③ 吕东亮.《白杨礼赞》与中国现代抒情散文的转折[J].延安大学学报(社会科学版),2007,29(1):39.

作家,"他们的散文,继承了五四初期散文的战斗传统,也受到散文文笔向优美方向发展的时风的影响"①。这个时期,茅盾的"抒情的散文沿着更直接与现实社会生活发生关系的方向向前发展,创造了政治抒情诗式的散文,这是茅盾散文对中国现代散文发展的独特贡献"②。

既然是一种"政治抒情诗",那么,茅盾的散文必然会摒弃传统散文"闲话"与"独语"的风格,必然会摆脱"小资产阶级的忧郁气息和拘谨的调子,尽情挥洒、自由无羁。这里,茅盾的姿态是仰视的,由于自我的反思和提升,茅盾站在了一个更高的位置,从而领略了更加壮丽的风景。也由此,散文的境界变得开阔了,气格变得阳刚了,书写的姿态也变得昂扬了"③。在这样的状况下,茅盾写作《白》文时,采用"赞美"而不是委婉抒情的姿态"歌颂"白杨树,也就不奇怪了。这便是"赞美"一词背后的文学史逻辑与情感流转。

3. 从文体的角度来看

通常认为,《白》文是一篇散文,一篇托物言志的散文。但是孙绍振认为,这种说法有待商榷,至少"笼统把它定性为一篇散文,是读得很粗心的表现"④。

孙绍振先生为什么会这样认为呢?

客观地讲,就《白》文整体结构而言,再加上其在具体行文中采用了散文的句法,把它初步定性为一篇散文,是基本可以成立的。只不过,这是一篇不一样的散文。因为《白》文采用了一种复沓的结构方式,而这种结构方式是诗歌常常用来表现情绪的回旋起伏的一

---

①② 程红. 政治抒情诗式的散文:从《白杨礼赞》看茅盾对中国现代散文的贡献 [J]. 中学语文教学, 2001 (8): 33.

③ 吕东亮.《白杨礼赞》的历史性和典范性 [J]. 语文建设, 2007 (4): 43.

④ 孙绍振. 关于树的诗文赏析(四):茅盾《白杨礼赞》[J]. 中学语文, 2009 (16): 41.

种章法,^① 所以,把《白》文进一步定性为"散文诗"要更合适一些。

不过,《白》文这篇散文诗似乎跟泰戈尔的《金色花》和冰心的《荷叶·母亲》这类散文诗不太一样。这可从《白》文题目中的"礼赞"一词窥出些许端倪来。所谓"礼赞"就是"赞美""赞扬""赞颂"的意思,就是怀着敬意的赞扬,通常用于对崇高、伟大、杰出的人物或事物的赞美。比如,我们可以说"对英雄的礼赞",表示对英雄人物的深深敬意和赞扬。《白》文则是借赞美西北极普通的白杨树,讴歌了西北军民团结抗战的伟大精神和意志。[②] 因此,《白》文还可以再进一步地定性为赞颂体的散文诗。

事实上,《白》文的确充分利用了赞颂体的长处,使其基本形式是散文,但具有浓郁的诗情画意。"一唱三叹"与排比类型语句的运用,使文章具有诗一样的激情,在情感上加强了诗的气质。因此,人们还把这样的赞颂体散文诗称为政治抒情诗式的散文。[③]

正因为《白》文是一篇政治抒情诗,是一篇赞颂体的散文诗,所以,要用"赞美"来表达作者深厚而浓烈的思想、情感,而不是婉约的抒情,不是意犹未尽、缠绵悱恻式的表达。这便是"赞美"这一关键词背后的文体逻辑与情感流转。

(二) 白杨树

《白》文胚胎中第二个关键词是"白杨树"。

---

① 孙绍振. 关于树的诗文赏析(四):茅盾《白杨礼赞》[J]. 中学语文, 2009(16):41.

② 人民教育出版社课程教材研究所中学语文课程教材研究开发中心. 义务教育教科书教师教学用书语文八年级上册[M]. 北京:人民教育出版社, 2017: 227.

③ 程红. 政治抒情诗式的散文:从《白杨礼赞》看茅盾对中国现代散文的贡献[J]. 中学语文教学, 2001(8):35.

白杨树作为《白》文的核心意象，被作者高度赞誉，其背后蕴藏着深刻的逻辑思考和丰富的情感流动。初看之下，这样的赞誉似乎与传统审美观念相悖，因为白杨树在传统视角下并不被视为出类拔萃的美景，有时甚至被看作是破坏整体景观的元素。①

然而，作者却以独特的视角，用"礼"这一崇高的词来赞美这看似平凡的树木。他巧妙地运用了"大题小做"的手法，将盛大的赞美与渺小的树木、庄严的仪式感与平凡的存在感相融合，形成了一种鲜明的艺术对比和深度的统一。这种手法不仅使得文本的创作主体与象征对象之间充满了强大的张力，②也引导读者对传统审美观念进行深刻的反思。

更深入地探索，"白杨树"在文中不仅仅是自然的象征，它更隐喻着农民形象。这一象征打破了农民在文学作品中的刻板印象，让其以正面、立体的新形象呈现在读者面前。农民作为中国社会的重要基石，在文学作品中却往往被边缘化，形象也显得单一、刻板。但作者通过白杨树这一坚韧不拔、深植土壤的形象，成功地塑造了农民的新面貌，使他们从文学作品的边缘走向中心，甚至成为作品的精神支柱和未来的希望。③

白杨树的象征意义并非一目了然，而是需要通过隐晦的暗示来揭示。作者通过这种处理方式，为象征注入了深邃的思想内涵，而非仅仅停留在情感的表达上。在品味文本的过程中，读者需要发挥自己的联想和解读能力，去探寻白杨树背后的深层意义。这种参与感和解读的乐趣，正是象征手法的独特魅力所在。同时，随着文章的深入，作者逐渐引出抗日军民的形象，使文章的象征意义得到了进一步的升华和凝聚。

---

①③ 吕东亮.《白杨礼赞》的历史性和典范性[J].语文建设，2007（4）：43.

② 郭跃辉.从言语形式的角度解读《白杨礼赞》[J].中学语文教学，2022（11）：59.

在修辞层面，作者也展现了他的匠心独运。他熟练地运用排比、层递等修辞手法，将白杨树的特点和精神内涵描绘得细致入微。这些修辞手法不仅提升了文章的艺术水准，更让白杨树这一意象在纸上栩栩如生，生动而立体。

由此可见，"白杨树"在《白》文中的意义远远超过一个普通的自然景物。

（三）实在

《白》文的胚胎中第三个关键词是"实在"。

这个词看起来，似乎并不深奥也不复杂，应该就是它的字面意思："确实""的确"。但是，如果细品这个词以及这个词所在的文章胚胎，我们便会发现，"实在"一词不仅是作者个人情感的表达，更是与读者之间建立的一种默契和对话。通过这个词，作者在向读者传达并着重强调自己对白杨树深刻而独特的理解，即白杨树绝非寻常之树，而是具有特殊意义和价值的存在。作为一种对话与交流，它必然预示着后文会对白杨树不平凡的特质进行多重渲染。事实上，也的确如此，除第一自然段外，作者一共进行了三次渲染。从白杨树背后的深层逻辑与情感流转的角度来看，这三次渲染呈现出一种递进与深化的关系，逐步揭示了白杨树的多重美学价值和精神内涵。

【渲染一】那就是白杨树，西北极普通的一种树，然而实在是不平凡的一种树！

（课文第4自然段）

这是第一次渲染，这里再次出现"实在"这个词。与文章胚胎中的"实在"只是一种"概念性"强调与抒情略有不同，这里的

白杨背后的深层逻辑与情感流转

"实在"是作者通过第二、三自然段的具体描绘之后,着重渲染了白杨树赖以生存的典型环境的"环境美"。这种美并非仅指自然环境的优美,更多是指白杨树在恶劣环境下所展现出的顽强生命力和坚韧精神。作者将白杨树置于广袤的西北高原这一特定环境中,通过描绘环境的苍茫与荒凉,反衬出白杨树的坚韧与不屈。这种渲染方式不仅让读者感受到了白杨树在自然环境中的独特魅力,更为后续对其形态和精神的赞美奠定了情感基调。

【渲染二】这就是白杨树,西北极普通的一种树,然而决不是平凡的树!

(课文第 6 自然段)

这是第二次渲染。这里有一个关键词"决不是",它相较于"实在"一词,强调的意味更浓,态度更坚决,情感更浓厚。这是作者在第五自然段中聚焦于白杨树的形态之后,对其"形态美"的高度赞美。这里的"形态美"并非仅指白杨树挺拔、高大的外观,还包括其枝繁叶茂、生机勃勃的内在气质。作者通过细腻的笔触,描绘了白杨树的枝干、叶片等细节特征,展现了其独特的形态魅力。同时,这种形态美也与白杨树在恶劣环境中的坚韧精神相呼应,共同构成了白杨树不平凡的特质。

【渲染三】让那些看不起民众、贱视民众、顽固的倒退的人们去赞美那贵族化的楠木(那也是直挺秀颀的),去鄙视这极常见、极易生长的白杨树吧,我要高声赞美白杨树!

(课文第 9 自然段)

这是第三次渲染。作者通过第七、八自然段的描绘以及最后一段的叙述,将焦点转向了白杨树的"精神美"。这里虽然没有"实在"

"决不是"等字样，但是作者的感情在情不自禁的"高声赞美"中显得更为深厚，更为浓烈。作者明确表达了自己对白杨树的赞美之情，并将这种赞美升华到了对白杨树所代表的精神品质的颂扬。白杨树的精神美主要体现在其不畏艰难、顽强拼搏、勇往直前的精神风貌上。这种精神不仅与当时中国人民在民族危亡之际所表现出的英勇抗争精神相契合，也激励着读者在面对困难和挑战时保持坚定的信念和勇往直前的决心。

从"环境美"，到"形态美"，再到"精神美"，既是逐步深入、层层推进的逻辑思考的过程，又是多重渲染、情感递升的过程。在这一过程中，读者对白杨树的不平凡特质有了更加全面而深刻的认知。这种渲染方式体现了作者高超的文学造诣和深刻的思想内涵，使得《白》文不仅成为一篇优美的散文作品，更是成为一种精神的象征和时代的印记。

二、内在逻辑与情感：在渲染言语思维[①]中

《白》文通过描绘西北高原上傲然挺立的白杨树，营造了一种坚韧不拔、积极向上、充满生命力的壮美意境，象征着共产党领导下的抗日军民正直、质朴、团结、力求上进的精神。然而，这一意境并不是一蹴而就的，而是运用渲染言语思维，经过"初境""拓境""凌境"三个阶段的不断渲染形成的。更为关键的是，这三个阶段并不是并列关系，而是"逐步开拓、渐次深化"的关系。[②] 这样，三个阶

---

① "渲染言语思维"是由马正平的"非构思"理论中的渲染理论延伸而来。所谓"渲染"（马正平又称其为"重复"），就是指在主题展开的写作过程中，选择那些和自己的写作主题、文章立意的主题信息、性质、意思、情调相同、相似、相近的文章因素进行谋篇、结构、构段等，以增强（渲染）文章的感染力、说服力、说明力的清晰度。详见马正平主编的《高等写作思维训练教程》（中国人民大学出版社，2010 年 7 月第二版）的第 80—81 页。

② 蔡善道. 意境形成的"三部曲"：兼析《白杨礼赞》的写作［J］. 名作欣赏，1984（5）：116.

段本身以及三个阶段之间,必然包含着深刻的内在逻辑与情感流转。

(一) 初境中渲染

"初境——意境的最初感触。初境,又称意触,是意境形成的直接的和必备的条件与基础。是一个完美的意境形成的初级阶段。"①

《白》文的第二、三自然段,是作者对文章总体意境的第一次渲染。

在第二自然段中,作者以汽车在广阔的高原上奔驰为起点,为读者描绘、渲染了一个宏观的场景。这个场景中的"黄绿错综的大毯子"是对整个黄土高原的初步印象,这种描述是笼统的,没有深入到具体的地形地貌或更详细的自然景观,但它有效地勾勒出了高原的广袤与多彩。这种初步的、整体的感触,正是"初境"的体现,为后续详细描绘白杨树及其象征意义提供了背景和基础。

同时,第二自然段中还蕴含着作者对于这片土地的复杂情感。从"雄壮"到"伟大"再到"单调",这些形容词的变化反映了作者对于高原景色的多重感受。这种情感的流转也是"初境"中不可或缺的一部分,它展示了作者在初次接触主题时内心的波动与变化。

进入第三自然段,"初境"的创造继续深化。作者通过描述在单调的高原背景中突然出现的白杨树,带给读者强烈的视觉冲击。这一景象,打破了之前对于高原的单调印象,为整篇文章带来了转折和高潮。这里的白杨树不仅是自然景观的一部分,更是作者情感和思想的寄托,它的出现标志着"初境"的结束和更为深入的意境的开始。

总之,《白》文的第二、三自然段,作者通过对高原和白杨树的初步感触和印象的描述,为读者构建了一个宏大的背景和一个引人注目的视觉焦点。这是作者对《白》文总体意境的第一次渲染,即"初境"。这种初步的感触和印象虽然笼统,却为后续深入细致地描

---

① 蔡善道. 意境形成的"三部曲":兼析《白杨礼赞》的写作 [J]. 名作欣赏, 1984 (5): 116.

绘白杨树的特点和精神提供了灵感和基础。同时，通过情感的流转和景象的突变，作者成功地引导了读者的注意力和情感走向，为整篇文章的意境创造打下了坚实的基础。

（二）拓境中渲染

"拓境——意境的拓展扩大。拓境，又叫意展，是一个完整意境的形成从初境到凌境的中间环节和必要过程。这个过渡阶段，起着承上启下的重要贯联作用，是在初境的基础上，对'最初的感触'加以开拓、扩展、放大，由点而面、由表而里、由此而彼地展现更为阔大的画面。境界由此而愈见明晰，愈为宏丽。"①

《白》文的第五自然段，是作者对文章总体意境的第二次渲染。在这一次渲染中，作者运用精湛的笔触，对白杨树进行详尽而生动的渲染，从而实现了意境的拓展，也即"拓境"。这一阶段的特点是将初步的印象和感触进行拓展与深化，作者在这里不仅描绘了白杨树的外形，还透过外形揭示了其内在的精神品质。

第五自然段的核心语义是"力争上游"。作者先从整体形态入手，用"笔直的干，笔直的枝"来形容它的"力争上游"，从而凸显白杨树的挺拔和坚韧。这种形态上的笔直，不仅是对白杨树外观的准确刻画，更是对其不屈不挠、勇往直前的精神的铺垫。接着，便对"力争上游"这一核心语义进行了第一次"分渲染"，即细化对白杨树枝干的描绘："它的干通常是丈把高，像加过人工似的，一丈以内绝无旁枝。"这里的"像加过人工似的"形容了白杨树干的规整和匀称，同时"一丈以内绝无旁枝"则强调了白杨树的专注和一心向上的态度，没有多余的分支，所有的力量都集中在向上生长上。

"它所有的丫枝一律向上，而且紧紧靠拢，也像加过人工似的，

---

① 蔡善道. 意境形成的"三部曲"：兼析《白杨礼赞》的写作[J]. 名作欣赏，1984（5）：117.

成为一束,绝不旁逸斜出"一句是对丫枝的描绘,它是作者对白杨树的"力争上游"的第二次"分渲染"。在这一"分渲染"里,再次强调了白杨树的整齐和向上,这种形态上的特点也反映了白杨树内在的团结和奋进精神。

此外,作者还对白杨树的叶子和树皮进行了"分渲染","它的宽大的叶子也是片片向上","它的皮光滑而有银色的晕圈,微微泛出淡青色",这些细节的刻画使得白杨树的形象更加立体和生动。同时,这些细节的选择也富有象征意义,比如叶子的片片向上,可以看作是白杨树不断追求进步和成长的象征;光滑而有银色的晕圈的树皮,则象征着白杨树的坚韧和美丽。

最后,作者用"倔强挺立""努力向上""不折不挠",对第五自然段的核心语义"力争上游"再次进行"分渲染"。它总结了白杨树的精神品质,强调了它在恶劣环境下依然能够坚韧不拔、保持挺立的品质。这种品质不仅是白杨树的特点,也是作者想要通过这篇文章传达给读者的精神力量。

这样,作者在《白》文的第五自然段,通过详细而深入的描绘、渲染,成功地实现了"拓境"。他不仅准确地刻画了白杨树的外形特点,还通过外形揭示了其内在的精神品质。这种深入的描绘和丰富的象征意义,使得这篇文章不仅具有极高的艺术性,还蕴含着深刻的思想内涵。

(三)凌境中渲染

"凌境——意境的飞跃升华。凌境,也称飞跃,是在拓境中直接生成的意境的质的飞跃与升华,是最后完成意境的高级阶段。"[①]

《白》文的第七、八自然段,作者将我们带入了"凌境"的境

---

① 蔡善道. 意境形成的"三部曲":兼析《白杨礼赞》的写作[J]. 名作欣赏,1984(5):117.

界，这是意境的最高阶段，也是作者对《白》文总体意境的第三次渲染，可称为意境的"飞跃"。在这一部分，作品的深层含义和主旨被完全揭示，给人留下了深刻的印象和广阔的遐想空间。

第七自然段开头，作者以白杨的外貌切入，但并非简单地描述其形态，而是通过反衬的手法，先写白杨"没有婆娑的姿态，没有屈曲盘旋的虬枝"，似乎是在说它不美。然而笔锋一转，却赞颂了白杨的"伟岸，正直，朴质，严肃"，以及"坚强不屈与挺拔"，这样的白杨，不是"树中的好女子"，而是"树中的伟丈夫"。这样的描述，不仅赋予了白杨以人的品格，更将其提升为一种精神的象征。

接下来，作者连用四个反问句，对白杨的象征意义进行层层推进式的"分渲染"。从北方的农民，到守卫家乡的哨兵，再到用血写出新中国历史的那种精神和意志，白杨的形象在这些渲染中被逐渐放大，其蕴含的精神力量也越发显现。这样的描绘，不仅使得白杨的形象更加立体，也让我们看到了那个时代背景下，人们坚韧不拔、积极向上的精神风貌。

第八自然段中，作者进一步明确了白杨的象征意义，它"不被人重视"，却"有极强的生命力"，这恰如北方的农民，也象征着"民族解放斗争中所不可缺的朴质、坚强、力求上进的精神"。在这里，"凌境"的作用得到了充分的体现，它使作品的主题豁然开朗，让读者在欣赏自然景物的同时，也能感受到其中所蕴含的深刻哲理和时代精神。

在《白》文的第七、八自然段中，作者通过"凌境"的创造，将白杨的象征意义推向了极致。他巧妙地运用反问、象征等手法，将白杨与时代背景、民族精神紧密相连，使得作品不仅具有高超的艺术性，更蕴含着深刻的思想内涵。这样的"凌境"，无疑使作品达到了一个全新的高度，也让读者在阅读过程中得到了深刻的启示和感悟。

纵观全文，作者不断将白杨的背景扩大，由"高原"扩大到

"西北""北方",甚至是"华北平原",直到"新中国",让读者感受到作者的视野不再局限于一时一地,而是腾挪多变、虚实结合地展现出白杨生存环境波澜壮阔的图景。① 这种总体意境上的提升的过程,实际上,就是"初境""拓境""凌境"依次展开、递升中三次渲染的过程,就是白杨背后的深层逻辑和情感流转的展开过程,也是《白》文的审美意义与审美价值逐步建立与深化的过程。

三、内在逻辑与情感:在对比言语思维②中

作者之所以高声"礼赞",是因为白杨这一意象的背后,有着深刻的逻辑思考和丰富的情感流转,而这不仅体现在上文所说的胚胎言语思维和渲染言语思维中,还体现在三处审美性的对比言语思维中。

(一)背景烘托式对比

先来看《白》文中第一处对比:

> 黄与绿主宰着,无边无垠,坦荡如砥,这时如果不是宛若并肩的远山的连峰提醒了你(这些山峰凭你的肉眼来判断,就知道是在你脚底下的),你会忘记了汽车是在高原上行驶。这时你涌起来的感想也许是"雄壮",也许是"伟大",诸如此类的形容词;然而同时你的眼睛也许觉得有点倦怠,你对当前的"雄壮"或

---

① 张鹏.《白杨礼赞》文本细读及教学价值的实现[J]. 语文教学通讯, 2020(29):68.

② "对比言语思维"是由马正平的"非构思"理论中的对比理论延伸而来。这里的"对比",不是一种对比修辞手法,而是指在主题展开的写作过程中,选择那些和自己的写作主题、文章立意的主题信息、性质、意思、情调相反、相对、相背的文章因素进行谋篇、结构、构段等,以增强(反衬)文章的感染力、说服力、说明力的清晰度。详见马正平主编的《高等写作思维训练教程》(中国人民大学出版社,2010年7月第二版)的第81页。

散文可以这样读

"伟大"闭了眼,而另一种的味儿在你心头潜滋暗长了——"单调"!可不是,单调,有一点儿吧?

然而刹那间,要是你猛抬眼看见了前面远远有一排——不,或者只是三五株,一株,傲然地耸立,像哨兵似的树木的话,那你的恹恹欲睡的情绪又将如何?我那时是惊奇地叫了一声的!

(选自课文第 2 自然段、第 3 自然段)

作者巧妙地运用了对比言语思维,通过环境的铺陈与转折,逐步构建起深层的逻辑框架和情感流动,最终赋予白杨以丰富的审美意义和审美价值。

作者首先通过描述一个由黄与绿主导的高原背景,营造出一种宏大而单调的环境氛围。这最初给读者带来"雄壮"和"伟大"的感受,但是随着时间的推移,这种无边无际的景象开始引发读者的视觉疲劳——产生"单调"的感觉。这里的情感变化是由环境的单一性引发的,为读者后续的情感反弹做了铺垫。

接着,作者通过"然而刹那间"进行转折,引入了白杨。这些傲然耸立的树木与前面单调的高原背景形成了鲜明对比,不仅打破了视觉上的单调,更在情感上给读者带来了强烈的冲击。这里的白杨象征着坚韧、顽强和生命力,它的出现犹如一道亮丽的风景线,打破了之前沉闷、乏味的氛围。

从审美思维的角度看,白杨的引入不仅形成了形式上的鲜明对比,更在深层次上触发了读者的审美反思。白杨以傲然不屈的姿态,打破了高原的单调与乏味,挑战了常规的审美期待。作为一个富有深意的审美符号,它引领读者从单调的环境中跳脱,重新审视和评价周围的世界。这一过程不仅促进了读者思想、情感和审美的升华,也赋予了文本更加深刻的审美意义和审美价值。

当然,必须注意的是,这里的"对比"还仅仅停留在一种最初的对比上，即更多地侧重于基于审美的外在"形态"和外在"精神与气质"的"前景式"凸出。这显然是不够的，还需要在审美价值与意义上进一步升华，还需要更进一步的逻辑思考与更为丰富的情感流转。

（二）欲扬先抑式对比

第二处则是采用一种欲扬先抑式对比言语思维，来更深一层地凸显白杨的独特美感和精神品质。

请看课文第七自然段的节选：

> 它没有婆娑的姿态，没有屈曲盘旋的虬枝。也许你要说它不美。如果美是专指"婆娑"或"旁逸斜出"之类而言，那么，白杨树算不得树中的好女子。但是它伟岸，正直，朴质，严肃，也不缺乏温和，更不用提它的坚强不屈与挺拔，它是树中的伟丈夫！

在这一处对比中，作者巧妙地设定了一种看似否定的前提：白杨"没有婆娑的姿态，没有屈曲盘旋的虬枝"。这种描述似乎是说白杨不具备传统审美中树木应有的柔美与变化，让读者初步认为白杨在审美上并不占优势。然而，这种初步的印象实际上是作者有意为之的一种铺垫，是为了与后文的赞扬形成鲜明的对比。

不过，作者并没有急着进行对比，而是进一步引导读者思考，"如果美是专指'婆娑'或'旁逸斜出'之类而言，那么，白杨树算不得树中的好女子"。这里，作者明确提出了一个关于美的假设性标准，并据此标准暂时将白杨排除在传统美的范畴之外，从而加深了前文的抑制效果，为后文的反转做了更充分的准备。

经过两次情感的蓄势，作者忽然来一个强烈的转折："但是它伟岸，正直，朴质，严肃，也不缺乏温和，更不用提它的坚强不屈与挺拔"，将白杨的美以一种全新的方式呈现出来。这里的形容词和短语都是对白杨内在品质的赞美，它们共同构建了一个坚韧、正直且不失温和的形象。这种形象的塑造与前文形成了鲜明对比，使得白杨的美感和价值在读者心中得到了极大的提升。

作者以"它是树中的伟丈夫"作结，将白杨的形象定格在了一个崇高而伟大的位置上。这一句不仅是对白杨品质的概括，也是对整个对比结构的收束，使得整段文字在逻辑和情感上都达到了高潮。

从审美意义上看，这段文字通过对比言语思维成功地揭示了白杨独特的美感和精神价值。白杨虽然没有传统意义上的柔美姿态，但它所展现的伟岸、正直、坚强不屈等品质却赋予了它一种更为深刻和持久的美。这种美不是浮于表面的形态美，而是根植于内在的精神美。

很显然，相较于第一次的背景烘托式对比，第二次的对比已然超越了对于白杨外在形态和气质的凸显，而是进一步升华至对于其内在美感和精神品质的赞扬。这是一种逻辑的加深，更是一种情感的流转。

（三）象征抒情式对比

再来看《白》文的第三处对比：

> 让那些看不起民众、贱视民众、顽固的倒退的人们去赞美那贵族化的楠木（那也是直挺秀颀的），去鄙视这极常见、极易生长的白杨树吧，我要高声赞美白杨树！
>
> （课文第9自然段）

这一处的对比，跟前两处又不一样。如果说第一处的对比还是侧重于白杨的外在形态与气质，属于表层，第二处的对比侧重于精神品质，属于中层的话，那么，这一处的对比则是通过深层次的逻辑对比与强烈的情感表达，赋予了文本更为深远的审美意义和审美价值。

我们先来看这段话的意义构建与逻辑张力。

楠木以其贵族化的形象不仅代表了一种高贵和珍稀，更在深层次上象征、隐喻了权势、地位与傲慢，将它与看不起民众、贱视民众、顽固倒退的人，特别是国民党反动派相联系，进一步强化了这种树木在政治和文化层面的象征意义。楠木的稀有性与其所代表的社会阶层的排他性形成了微妙的呼应。而白杨作为普通且广泛存在的树木，以其在自然界中的坚韧和适应性，被赋予了共产党及其领导下的抗日军民的精神与意志的象征意义。

通过楠木与白杨的对比，文本在逻辑上富有了一种张力。这种张力源于两者在社会、文化和政治层面上的对立。楠木的高贵与排他跟白杨的普通与包容形成了鲜明的反差，进一步凸显了文本所要传达的核心信息：真正的力量和价值不在于地位和权势，而在于与广大人民群众的紧密联系和坚韧不拔的精神。

接下来，再来看这段话的情感流转与审美反思。

"让那些看不起民众、贱视民众、顽固的倒退的人们去赞美那贵族化的楠木"这句话，其实是在划定一个情感的范围和立场。作者让那些与民众脱节、自视高贵的人去赞美与他们心性相符的楠木，这种设定从一开始就明确了作者的立场，作者甚至对这部分人的价值观进行了一种隐晦的批判。随后提到"去鄙视这极常见、极易生长的白杨树"，在这里，作者通过描述这部分人对白杨树的鄙视，进一步展现了他们与广大民众、与朴素坚韧精神的疏离。这种鄙视实际上加深了读者对他们情感上的不满。最后，"我要高声赞美白杨树"这句话，是作者情感的集中爆发。在这里，作者旗帜鲜明地表达了对白杨树的赞美，这不仅仅是对白杨树本身的赞美，更是对白杨树所象征的共产党及其领导下的抗日军民的精神与意志的赞美。这种直接而热烈的情感表达,与前面所描述的那些人的态度形成了鲜明的对比。

楠木作为贵族化的象征,在作者笔下,成了那些看不起民众、顽固倒退的人的审美对象。与楠木形成鲜明对比的是白杨树,它极常见、极易生长,却蕴含着坚韧不拔的精神。作者赞美白杨树,实际上是在重新发现和肯定那种朴素、坚韧的美。这种美不是外在的、表面的,而是内在的、深沉的,它广泛存在于我们的日常生活之中,却被很多人忽视。通过楠木和白杨树的对比,作者实际上也在引导读者审视当时的社会价值观。那种看不起民众、贱视民众、顽固倒退的价值观,是否真的值得我们去追求和崇尚?那种朴素、坚韧、与民众紧密相连的精神,是否更应该成为我们赞美和学习的对象?

这样,从白杨的外在形态、气质,到内在精神品质,再到深层的象征、隐喻意义的揭示,三次对比,三次螺旋式的递升,使得作者所热情歌颂的中国共产党及其领导下的抗日军民为了民族解放不屈不挠英勇奋战的崇高革命精神,[①] 在一种深刻的逻辑思考和深沉的情感流转中,令人信服且极具震撼力地呈现在读者面前。

[①] 吴登植.《白杨礼赞》浅说[J].北京师范大学学报(社会科学版),1978(2):62-63.

纯静的诗美追寻
——刘湛秋《雨的四季》的言语思维解读

《雨的四季》（下称"《雨》文"）是一篇写景抒情散文，选自《散文》1989年第4期。它是刘湛秋的"精心之作，也是新时期的散文名篇"[①]，有着非同寻常的特质。

20世纪80年代，刘湛秋曾被当时的大学生誉为"抒情诗之王"。"他力求真诚、自然而深切地流露自己的情感，力求用清新而流畅的语言来传达自己的情感，力求用单纯而简洁的构思来构筑自己的情感，力求用明朗而鲜活的画面来勾勒自己的情感"，他用他独特的诗性语言铸造了一个"有异于他人的世界"，"一个真诚的世界，一个思考的世界，一个充满生命欢乐的世界"。[②]

刘湛秋本身是一位诗人，他运用诗人独有的语言艺术和情感触觉来创作《雨》文。他的作品追求语言的纯净、情感的纯粹、意象的简洁以及结构的和谐。在心灵的净化和精神的超越中，他探寻着一种

---

① 人民教育出版社课程教材研究所中学语文课程教材研究开发中心．义务教育教科书教师教学用书语文七年级上册［M］．北京：人民教育出版社，2016：27.

② 傅宗洪．走向纯静：外国诗歌的影响与刘湛秋的诗美选择［J］．西藏大学学报（社会科学版），1993（2）：7-8.

纯净而静谧的美。这种"纯静"的诗美理想，体现了刘湛秋对文学艺术的深刻理解与独到洞察。他的创作不仅为当代文学注入了新的活力，更以其独特的视角和思考深度，拓宽了我们的文学视野，为我们提供了广阔的思考空间。

一、意象思维下的诗美追寻

在抒情类文本的写作中，如果作者写的是某个个别、具体的事物，通常情况下，可以写成以写实为主要诉求的散文；如果是一类事物，则更倾向于写成以情感抒发为主要诉求的诗歌。《雨》文"以'雨的四季'为题，写的不是某个特定地域、特定季节的雨，而是展现雨在春夏秋冬不同季节中的不同形象和特点，写四季的雨景和人的感受，表达了作者热爱雨、热爱自然、热爱生活的美好情感"①。这样，便为《雨》文的诗美追寻提供了可能。不过，仅仅提供可能是不够的，还需要运用一定的言语思维策略进行审美化的言语表达。纵观《雨》文全篇，作者刘湛秋用得比较多的是意象言语思维。

（一）明亮美丽的春雨

刘湛秋对于"雨"这一意象的渲染不是一次性完成的，而是先从渲染春雨展开。请看"段一"：

【段一】每一棵树仿佛都睁开特别明亮的眼睛，树枝的手臂也顿时柔软了，而那萌发的叶子，简直就像起伏着一层绿茵茵的波浪。水珠子从花苞里滴下来，比少女的眼泪还娇媚。半空中似乎总挂着透明的水雾的丝帘，牵动着阳光的彩棱镜。

（课文第2自然段）

---

① 人民教育出版社课程教材研究所中学语文课程教材研究开发中心. 义务教育教科书教师教学用书语文七年级上册［M］. 北京：人民教育出版社，2016：26.

这段话从三个角度多重渲染了核心语义"每一棵树都睁开了眼睛"。"树枝的手臂也顿时柔软了，而那萌发的叶子，简直就像起伏着一层绿茵茵的波浪"是第一次渲染。在这一渲染中，作者先是运用隐喻式言语思维，赋予树枝以人的特质，然后，运用类比式言语思维，把叶子比方成起伏的波浪，不仅赋予了叶子以动态的美感，还暗示了春雨充满蓬勃的生命力。第二次渲染即"段一"的第二句话，也是运用的类比式言语思维，把水珠子比作少女的眼泪，强调了水珠的清澈、纯净和娇媚。这种比较不仅增加了语言的形象性，还通过"少女"和"眼泪"这两个富有诗意的元素，传达了作者对"纯静"诗美的追求。而第三次渲染，即"段一"的最后一句话，则是运用类比式言语思维将水雾比作丝帘，把阳光穿过水雾形成的折射效果比作彩棱镜，不仅形象地描绘了自然界的美景，还通过"透明""丝帘""彩棱镜"等词语传达了一种纯净、梦幻的诗意之美。

再看"段二"：

【段二】这时，整个大地是美丽的。小草似乎像复苏的蚯蚓一样翻动，发出一种春天才能听到的沙沙声。呼吸变得畅快，空气里像有无数芳甜的果子，在诱惑着鼻子和嘴唇。

（选自课文第2自然段）

这段话的核心语义是"整个大地是美丽的"，关键词是"美丽"，作者刘湛秋从两个角度进行了渲染。第一次渲染，即"段二"中的第二句话。作者先是运用类比式言语思维把小草比方成复苏的蚯蚓，赋予小草以蓬勃的生命力，使得整个场景更加生动有趣，然后，运用隐喻式言语思维，把小草拟人化，表达了作者对自然界万物复苏、生机盎然的赞美之情。第二次渲染，即"段二"的最后一句话，作者运用类比式言语思维，把空气比作芳甜的果子，形象地凸显了空气的清新和甜美，同时，"诱惑着鼻子和嘴唇"也表达了作者对纯净、清新空气的渴望和追求。

整体来看，刘湛秋主要运用隐喻式、类比式言语思维，以富有诗意和想象力的语言描绘了春雨是多么"明亮"与"美丽"。这是一种纯净、静谧的美，这种美不仅体现在自然界的景物上，更是体现在作者对春雨这一意象的深厚情感和细腻感受上。通过这样的方式，作者成功地表达了对"纯静"的诗美理想的追求。

（二）热烈粗犷的夏雨

再来看夏雨是如何渲染的。请看"段三"：

【段三】夏天的雨也有夏天的性格，热烈而又粗犷。天上聚集几朵乌云，有时连一点儿雷的预告也没有，你还来不及思索，豆粒大的雨点就打来了。可这时雨并不可怕，因为你浑身的毛孔都热得张开了嘴，巴望着那清凉的甘露。打伞、戴斗笠固然能保持身上的干爽，可光头浇、洗个雨澡更有滋味，只是淋湿的头发、额头、睫毛滴着水，挡着眼睛的视线，耳朵也有些痒嗦嗦的。

（选自课文第 3 自然段）

这段话主要描绘了夏雨的热烈与粗犷。作者通过描述乌云的聚集、大雨的突然袭击，以及人们的即时反应，生动地展现了夏雨的迅猛和不可预测，凸显了其粗犷特性。同时，利用人们对清凉的渴望来反衬夏日的酷热，进一步凸显夏雨的热烈与及时。人们在雨中的不同表现也展现了夏雨的豪情与奔放。最后，通过细腻描绘淋湿后的感受，让读者深刻体会到夏雨的独特魅力。整段话既展现了夏雨的独特韵味，又让读者仿佛身临其境。

纯静的诗美追寻

【段四】一切都毫不掩饰地敞开了。花朵怒放着，树叶鼓着浆汁，数不清的杂草争先恐后地成长，暑气被一片绿的海绵吸收着。而荷叶铺满了河面，迫切地等待着雨点，和远方的蝉声、近处的蛙鼓一起奏起夏天的雨的交响曲。

（选自课文第3自然段）

这段话的核心语义是"敞开"。

作者首先运用隐喻式言语思维，赋予花朵、树叶和杂草以人的特质和情感。这时的花朵不是"开放"，而是"怒放"，呈现出生机勃勃、充满活力的形象；树叶不是"流着"，而是"鼓着"浆汁，暗示着生命的饱满和充盈；杂草不是慢慢生长，而是"争先恐后"地成长，展示了自然界中万物竞相生长的蓬勃景象。这种拟人化的描写不仅让自然景物更加生动形象，还隐喻地表达了作者对自然界旺盛生命力的赞美。这种赞美与作者对"纯静"的诗美理想的追求是一致的，因为在这里，"纯静"不仅指向外在环境，更是指向内在生命力的和谐与平衡。这是对核心语义"敞开"的第一次渲染。

接着，运用类比式言语思维，把大自然比喻成一块绿色的能够吸收和消解暑气的海绵，不仅形象地描绘了自然界对炎热天气的调节作用，还表达了作者对自然界包容、调和能力的赞美，使读者更为深入地理解自然与人的和谐关系，同时也进一步体现了作者的诗美追求。这是对核心语义"敞开"的第二次渲染。

最后，作者还运用联想式言语思维，将荷叶、雨点、蝉声、蛙鼓等元素巧妙地组合在一起，构成了一幅生动而和谐的夏日画卷。这样的联想不仅丰富了文本的内涵和意境，还引导读者跟随作者的视角和感受，一同体验和欣赏大自然的美妙。这种体验式的描写方式使读者能够更加真切地感受到作者对"纯静"的诗美理想的追求和向往。这是对核心语义"敞开"的第三次渲染。

散文可以这样读

"段四"的核心语义看起来是"敞开",本质上却跟"段三"一样,都是对夏雨那"热烈""粗犷"的意境的再次渲染,都是通过隐喻式、类比式、联想式言语思维,表达了作者对"纯静"的诗美理想的追求。这种追求体现在作者对自然界旺盛生命力、和谐包容能力以及美妙交响乐的赞美和向往之中。

(三) 端庄沉静的秋雨

接着,再来看作者是如何渲染秋雨的。请看"段五":

【段五】雨,似乎也像出嫁生了孩子的妇人,显得端庄而又沉静了。这时候,雨不大出门。田野上几乎总是金黄的太阳。也许,人们都忘记了雨。成熟的庄稼等待收割,金灿灿的种子需要晒干,甚至红透了的山果也希望最后的晒甜。

(选自课文第4自然段)

这段话的核心语义是"端庄"与"沉静"。

作者在运用类比式言语思维,把秋雨比作出嫁生了孩子的妇人的同时,又运用隐喻式言语思维,把秋雨拟化为一个端庄、沉静的妇人形象,不仅增加了雨的形象性和生动性,还隐晦地传达出作者对雨的欣赏。妇人所具有的端庄与沉静,恰恰契合了作者对"纯静"诗美的向往和追求。随后,作者通过四个不同的场景——"雨不大出门""田野上总是阳光普照""人们容易忘记雨的存在"以及"庄稼静候收割的时刻",四次渲染了秋雨的"端庄"与"沉静",使得这一形象更加深入人心。

【段六】也许,在人们劳累了一个春夏,收获已经在大门口的时候,多么需要安静和沉思啊!雨变得更轻,也更深情了,水声在屋檐下,水花在窗玻璃上,会陪伴着你的夜梦。

(选自课文第 4 自然段)

在这段话中,"也许"一词引导了一种假设性的联想,其核心语义是"需要安静和沉思"。"雨变得更轻,也更深情了"一句运用隐喻式言语思维赋予秋雨以人的特征,不但使得秋雨的形象更加鲜活,同时也隐喻着作者对于轻柔、细腻之美的追求。"水声在屋檐下,水花在窗玻璃上"一句将听觉和视觉感受融为一体,创设出一种静谧而幽深的氛围。这种氛围隐喻着作者对于内心世界的探索和追求,使得读者能够感受到一种心灵的净化。最后,通过"会陪伴着你的夜梦"这一表述,将水声、水花与夜梦相联结,构建了一种梦幻般的宁静空间。这种空间隐喻着作者对于理想境界的向往与追求,使得读者能够在想象中沉浸于一种纯净、静谧的美感之中。这种追求与作者对于"纯静"的诗美理想的追求相契合,表达了作者对于纯净、宁静之美的执着和坚守。

(四)平静温暖的冬雨

最后,再来看作者是如何渲染冬雨的。

【段七】但在南国,雨仍然偶尔造访大地,但它变得更**吝啬**了。它既不倾盆瓢泼,又不绵绵如丝,或淅淅沥沥,它显出一种**自然、平静**。

(选自课文第 5 自然段)

"段七"中作者运用隐喻式言语思维,用"吝啬"一词对南国的冬雨进行人格化描写,不仅生动有趣,而且隐喻着南国雨的稀少和珍贵。通过这种言语思维,作者引导读者去关注雨的自然状态,从而体会到一种纯净、静谧的美感。

作者通过否定式言语思维,排除了"倾盆瓢泼""绵绵如丝""淅淅沥沥"等常见的雨的形态,进一步突出了南国冬雨的独特之处。这种否定式言语思维不仅使得描述更加精准,同时也强调了作者对于纯净、自然之美的追求。

【段八】当雨在头顶上飘落的时候,似乎又降临了一种**特殊的温暖**,仿佛从那湿润中又漾出花和树叶的气息。那种清冷是柔和的,没有北风那样咄咄逼人。远远地望过去,收割过的田野变得很亮,没有叶的枝干、淋着雨的草垛,对着瓷色的天空,像一幅干净利落的木刻。而近处池畔里的油菜,经这冬雨一洗,甚至忘记了严冬。忽然到了晚间,水银柱降下来,黎明提前敲着窗户,你睁眼一看,屋顶、树枝、街道,都已经盖上柔软的雪被,地上的光亮比天上还亮。

(选自课文第 5 自然段)

"段八"的核心语义是"特殊的温暖"。作者通过细腻的描绘和富有想象力的表达,将读者带入一个纯净、静谧的诗意世界。这个世界充满了自然的气息和美的元素,如飘落的雨滴、清新的空气、明亮的田野、柔软的雪被等。这些元素共同构成了一个和谐、宁静的整体,使得读者能够感受到一种纯净、静谧的美感。这种美感与"纯静"的诗美理想相契合,体现了作者在文字表达上对于纯净、静谧之美的追求。

至此,作者分别渲染了春雨"明亮""美丽",夏雨"热烈""粗犷",秋雨"端庄""沉静",以及冬雨"平静""温暖",从而完成了对"雨"这一意象的营造。在营造的过程中,作者不但表达了对雨的赞美与喜爱之情,还展现了其对"纯静"的诗美理想的追求。

二、渲染思维下的纯静诗美

"雨"这一意象的特殊意蕴是通过雨在四季中的不同风格展现出来的,即"春雨是洗淋万物,改变大地的姿容,使生命萌发;夏雨是热烈而粗犷地浇灌大地,给万物注入活力;秋雨是端庄而沉静,秋雨的倾诉带给人们悠远的情思,令人怀想、动情,纯净人们的灵魂;冬雨(雪)是天国的礼物,带有自然而平静的特点,给人带去特殊的温暖"[①]。

作者刘湛秋在这里主要运用的是一种构成性的渲染式言语思维,即把雨在春、夏、秋、冬这四个不同季节里的特殊意蕴一一罗列出来。运用这样的言语思维进行表达,优势很明显,那就是能够把作者想要描述的事物,或者想要表达的情感,较为准确、清晰、全面、具体地展现出来;不过,缺点也很显豁。因为这样写,很有可能造成对雨在春、夏、秋、冬四个季节里的不同风格的描写平均用力的局面,稍有不慎,便会给人一种刻板、呆滞的印象。这对于一般的实用文写作而言倒也没什么,但文学创作,尤其是以抒情见长的散文创作,是要特别小心的。

然而,刘湛秋毕竟是一位诗人,出版过很多诗集,还有散文诗集,他不会不知道这个简单的道理,所以在运用构成性的渲染式言语思维进行写作时,他力求避免情感的停滞与语言的刻板,在流动中追寻一种深刻的诗美理想。

请看"段一":

【段一】春天,树叶开始闪出黄青,花苞轻轻地在风中摆动,似乎还带着一种冬天的昏黄。可是只要经过一场春雨的洗

---

① 万紫韩.《雨的四季》为什么不叫"四季的雨"[J].语文教学与研究,2020(7):160.

散文可以这样读

淋,那种颜色和神态是难以想象的。

(选自课文第2自然段)

这是刘湛秋在描写春雨时的一段话,很有意味。

他通过"冬天的昏黄"这样的色彩描述,营造了一种沉静、内敛的情感氛围。这种昏黄的色彩象征着冬天的结束和春天的开始,同时也暗示着一种内心的混沌和不安。这种情感氛围为接下来的情感变化提供了铺垫。接着便通过"只要经过一场春雨的洗淋"这样的描述,将读者的情感从混沌引向纯净。春雨的洗淋象征着一种净化和重生的过程,它将冬天的昏黄洗去,带来了清新和明亮。这种变化不仅体现在自然景象上,也体现在作者内心情感上。

在春雨过后,"那种颜色和神态是难以想象的"。这里的"难以想象"不仅是对自然景色的描绘,也是对作者内心情感变化的表达。经过春雨的洗淋,作者的内心也经历了一种净化和升华,达到了一种"纯静"的境界。这种境界是难以用言语来描述的,只能通过感性的体验和理性的思考来领悟。

再来看"段二":

【段二】而夏天,就更是别有一番风情了。夏天的雨也有夏天的性格,热烈而又粗犷。

(选自课文第3自然段)

这是刘湛秋在描写夏雨时的一段话,也很有意味。

他主要运用转折词"而"和强调词"更",使情感在动态中流转,形成了一种独特的诗意表达。转折词"而"的使用,使得情感在流动中产生了变化。在描述完春天的景象后,作者用"而"字将读者的情感引向了夏天。这种转折指向季节的更替,更指向情感的转移。通过"而"的转折,作者将读者从春天的温馨和宁静带入了夏天的热烈和粗犷。

强调词"更"的运用,进一步加深了情感的流动和变化。作者用"更"字强调了夏雨的特点"热烈而又粗犷"。这种强调不仅突出了夏雨的性格,也表达了作者情感的升华。在这里,"更"字将读者的情感推向了一个更高的层次,使读者能够更深刻地感受到夏雨的独特风情。

接着再看"段三":

【段三】当田野染上一层金黄,各种各样的果实摇着铃铛的时候,雨,似乎也像出嫁生了孩子的妇人,显得端庄而又沉静了。

(选自课文第4自然段)

这是刘湛秋在描写秋雨时的一段话。这段话中的"当……的时候"和"也"字看似平常,却在一种情感的动态流转中,形成了一种富有内涵和韵味的诗意表达。

作者运用"当……的时候"这样的表达方式,将读者的情感引入了从夏天到秋天的季节变化中。这种变化象征着生命的成熟和自然的循环。在这个背景里,"田野染上一层金黄,各种各样的果实摇着铃铛",这些具体的自然景象,触发了读者的视觉和听觉感受,同时唤起了读者对秋天丰收、大地回馈的温馨情感。这种情感的流动和变化,使读者能够更深刻地感受到自然之美和生命之力。

而"也"字的运用,使情感的表达更加细腻和深入。在这里,"也"字起到了轻微的转折作用,使读者的注意力从前面的自然景象转向了雨的形象。作者将雨比作"出嫁生了孩子的妇人",这样的比喻不仅赋予了雨以人的情感和生命,也使得雨的形象更加生动和具体。同时,"显得端庄而又沉静了"这样的描述,既表达了雨在秋天

散文可以这样读

特有的沉静和稳重,也暗示了作者在追寻"纯静"诗美理想时内心的宁静和平和。

最后,再来看"段四":

【段四】也许,到冬天来临,人们会讨厌雨吧!但这时候,雨已经化了妆,它经常变成美丽的雪花,飘然莅临人间。

(选自课文第5自然段)

这是刘湛秋在描写冬雨时的一段话。这段话,运用"也许"一词,猜测情感变化,运用"已经"和"经常变成"描述美丽变化,形成了一种富有诗意和想象力的表达。

"也许"一词的运用,表达了作者对人们对冬天的雨的感受的一种猜测。这种猜测中蕴含了情感的变化——从可能的厌恶到后来的欣赏,这种情感的转折和流动体现了作者对情感的敏锐捕捉和表达。这种猜测不仅增加了诗句的韵味,也使得情感的表达更加细腻和深入。通过"也许"一词,作者将读者的情感引入了一个不确定的、充满想象的空间,让读者能够更深刻地感受到作者对"纯静"诗美理想的追求。

而"已经"和"经常变成"的表述,揭示了雨在冬天的另一种美丽形态——雪花。雨化成雪花,从一种形态转变为另一种形态,象征着情感的升华。同时,"飘然莅临人间"的描述,表达了雪花降临人间的美丽和庄重,进一步强化了作者对"纯静"诗美理想的追求。

综上所述,从春天的花草还"带着一种冬天的昏黄",只要经过一场春雨洗淋就发生难以想象的变化,到夏雨的"更是别有一番风情"的"热烈而又粗犷",再到秋雨变成了一个"端庄而又沉静"的妇人,最后,变成了"莅临人间"的美丽雪花,作者刘湛秋将

"'雨'人格化",使其经历了"生命的春夏秋冬"①。可见,"雨"的意象不是静态不拘的,而是一直在变化,一直在流动,于是,便巧妙地避免了构成性渲染式言语思维在写作中流于呆板、迟滞。更为重要的是,意象的流动与变化,其实正是作者本人情感的流动与变化的间接反映。在文学作品中,情感的流动与变化大都指向审美价值。这样,作者所心心念念追寻的"纯静"的诗美理想,便在情感的流动与变化中有了现实的载体与实现的路径。这也就是作者没有用"四季的雨",而是用"雨的四季"命名《雨》文的道理所在。

三、无理思维下的纯静诗美

《雨》文是一篇有争议的散文,一些学者认为文中的许多言语不太符合通常的修辞逻辑、事理逻辑或情感逻辑,其实,这只是阅读者品鉴的角度不一样,如果换一个角度看,或许会有不一样的体悟与解读。

(一)从无理的言语思维来看

通常情况下,有两种言语表达方式为创作者所常用。一种是尽量准确、合理地表达,这样的表达大都追求实用价值;一种是尽量无理、抒情地表达,这样的表达大都追求指向情感的审美价值。前者多用于实用文写作,后者多用于文学类文本的创作。

请看"句一":

【句一】那萌发的叶子,简直就像起伏着一层绿茵茵的波浪。

(选自课文第2自然段)

---

① 唐必芬. 从语言文字流淌到生命深处的雨:赏析刘湛秋《雨的四季》[J]. 中学语文教学参考, 2016 (29):27.

安杨华认为，一般情况下比喻的本体与喻体的词性可以是名词、动词、形容词等，且本体和喻体的词性是相同的。在本句中，"那萌发的叶子"是本体，为名词性的偏正短语，"起伏着波浪"是喻体，为动词性的动宾短语，显然这个比喻句是不对的，原句改成"那萌发的叶子，简直就像起伏着的一层绿茵茵的波浪"为宜。① 这是从修辞学的角度上讲的，当然有道理。不过，单纯的修辞学意义上的准确与规范，大都追寻一种倾向于事实与事理的实用价值，文学价值并不大。如果我们把这句话还原到原句中，从文学的角度去鉴赏，就不一样了。

请看原句：

每一棵树仿佛都睁开特别明亮的眼睛，树枝的手臂也顿时柔软了，而那萌发的叶子，简直就像起伏着一层绿茵茵的波浪。水珠子从花苞里滴下来，比少女的眼泪还娇媚。半空中似乎总挂着透明的水雾的丝帘，牵动着阳光的彩棱镜。

（选自课文第 2 自然段）

上述语段中，作者先揭示核心语义"每一棵树都睁开明亮的眼睛"，然后，从"树枝柔软""叶子萌发""水珠滴落""水雾悬挂"等四个角度多重渲染每一棵树是如何睁开眼睛的。可见，作者所赞美的不是静态的树，而是"睁开眼睛"的动态情状。这个动态既来自自然界的风，更来自树的内在活力与生命律动。所以"句一"的关键词不是语法和修辞意义上的"叶子"，而是审美意义上的"萌发"。在看似"无理"的表述下，隐含着作者"有理"的对春雨的深深的热爱之情。而这恰恰完美地诠释了作者对于"纯静"的诗美理想的

---

① 安杨华. 怎样开发《雨的四季》的审辨思维资源［J］. 中学语文，2021（7）：59.

执着追求。

我们再来看"句二":

【句二】荷叶铺满了河面,迫切地等待着雨点,和远方的蝉声、近处的蛙鼓一起奏起夏天的雨的交响曲。

(选自课文第3自然段)

徐甫有认为"句二"中"荷叶是主语,是施事者,后两分句承前省略了主语——荷叶。荷叶可以铺满河面,可以等待雨点,但它不是一种声音状态,不能与蝉声、蛙鼓奏起交响曲"。[1] 这是从语法学、从客观事理的角度界定的,显然有一定的道理。

然而,文学语言跟日常语言(包括科学语言)的一个最为重要区别就在于,它经常运用拟人、比喻、象征等修辞手法来传达作者的情感和审美体验。这句话中的"荷叶",表面看来,是静态的,是不能发声的客观事物,实际上,在隐喻式言语思维的加持下已经人格化,它被赋予了一种动态的"迫切地等待"的情感,又通过一种超越字面的比喻暗示了荷叶、蝉声、蛙声共同营造出的夏日雨前的氛围就像一首交响曲。

因此,这句话虽然在语法或逻辑上可能存在一些问题,但作为一种文学表达,它是非常成功和有力的。它用诗意的语言唤起了我们对于自然美的感知和体验,让我们能够在想象中与那些无声的荷叶一起,聆听那首由蝉声、蛙鼓和大自然的其他声音共同汇成的夏日交响曲。

可见,"句一"跟"句二"有着异曲同工之妙。表面看来,这两句话的确存在着修辞、语法、逻辑方面的问题,但是,如果从文学的

---

[1] 徐甫有. 对《雨的四季》部分语句的质疑与建议[J]. 语文教学之友, 2017, 36 (2): 47.

角度来考量，作者这样写作，其实是在运用无理的言语思维来追求一种指向情感的"纯静"的诗美理想。《雨》文中像这样的句子还有许多，这里就不再一一列举。

（二）从无理的情感思维来看

散文是一种很"自我"的文体，更倾向于表达作者独特的、个性化的情感。这就必然地决定了，如果一篇散文仅仅是客观叙述人和事，表达一种人皆有之的大众化的情感，那么，这篇文章就离真正意义上的散文很遥远了。

请看"句三""句四"：

【句三】雨变得更轻，也更深情了，水声在屋檐下，水花在窗玻璃上，会陪伴着你的夜梦。

（选自课文第 4 自然段）

【句四】当雨在头顶上飘落的时候，似乎又降临了一种特殊的温暖，仿佛从那湿润中又漾出花和树叶的气息。

（选自课文第 5 自然段）

有学者认为秋雨"变得更轻，也更深情"，"没有抓住秋雨的典型特点，秋雨的特点是凄凉的，萧瑟的，给人一种凄楚、忧伤、愁苦之感"[1]。而对于冬天的雨，人们的普遍认知是严酷、寒冷、萧条，所以，一些学者认为根本就不存在所谓的冬雨的"特殊的温暖"。

从客观事理的角度来讲，有关学者的这些观点，也不是完全没有道理，但是，那是地理学、气候学的认知，而不是运用无理的情感思维写作散文的认知。

---

[1] 安杨华. 怎样开发《雨的四季》的审辨思维资源 [J]. 中学语文，2021 (7)：59.

其实，作者刘湛秋不是不知道秋的凄楚与冬的严酷，只是刘湛秋是"一个有着强烈社会责任感的诗人"，他"以一种坚强的使命意识去抒情与思考，去谋求生活的和谐和心灵的和谐。他不愿抚摸着时代留下的伤痕而顾影自怜，而是热烈地关注着未来的每一个日子"。① 他的心中充满着"一种热爱，对人、对社会、对自然的强烈的热爱"②。所以，他的笔下才没有了凄楚、忧伤、愁苦，没有了严酷、寒冷、萧条。

刘湛秋自己也说过，他这样写"不是一种粉饰"而是"一种愿望，一个普通人对日常生活、对四周现实的一种呼唤"，他其实"不反对写痛苦和忧伤"，只是"总是带着愉快的情调去写罢了"。③ 他"试图选择一种轻松的生活方式"，"追求心灵的轻松和自由，过自我宽松的日子"。④

所以，如果从无理的情感思维来看，"句三"与"句四"不但不是无理的，反而是更有散文意味的审美化的表达。像这样的语句，《雨》文中还有许多。

综上所述，作者刘湛秋运用意象思维、渲染思维和无理思维等多种言语思维策略，始终以一种"柔美的、热情的、温暖的"的主旋律，"为人们展示着希望"。⑤ 他通过纯净的语言、纯粹的情感、简洁的意象和和谐的结构，努力构建一个属于他自己的纯净而静谧的诗美世界。

---

① 傅宗洪. 走向纯静：外国诗歌的影响与刘湛秋的诗美选择［J］. 西藏大学学报，1993（2）：7.
②③ 刘湛秋. 愉快的自白：抒情诗集《生命的欢乐》跋［J］. 读书，1984（5）：101.
④ 刘湛秋. 心灵的轻松［J］. 劳动保障世界，2006（9）：60.
⑤ 刘再复. 他献给世界以温暖的情思：《刘湛秋散文诗选》序［J］. 当代作家评论，1988（1）：61.

催眠的"理想境界"
——老舍《济南的冬天》的言语思维解读

现代作家老舍的长篇散文《一些印象》一共分为七个部分，其中，第五部分发表在1931年4月10日《齐大月刊》第一卷第六期上，后于1936年1月入选朱文叔编订的《初中国文读本（第三册）》（中华书局出版），入选时有所删节，并以"济南的冬天"为题。这一题目一直沿用至今。

对于《济南的冬天》（下称"《济》文"）一文的解读，通常认为，要在原文的基础上展开，这样不易走偏；而且还要尽可能地放在老舍的散文创作体系中展开，这样才能更深刻一些。前者，将在下文中详细阐述；至于后者，那是因为老舍的散文创作在不同时期风格不同，其艺术追求也不一样，笼统地分析解读《济》文可能会浮于表面，较为粗疏。

老舍的散文创作分为三个时期：第一个时期是1930年—1937年，其散文风格为"幽默闲适"；第二个时期是1937年—1948年，其散文风格为"积极战斗"；第三个时期是1949年—1966年，其散文风格为"明亮激昂"。①《济》文创作于1931年,显然属于第一个时期。这一时期的散文,以"幽默闲适"为创作风格,作品多以闲适小品为主,富于自我表现,充盈着一种平和恬淡的逸趣。这一风格,跟林语堂为代表的"论语派"的艺术风格十分相近,都是以"自我""性灵"为中心,以"幽默""闲适"为格调,②追求"凡方寸中一种心境、一点佳意、一股牢骚、一把幽情,皆可听其笔端流露出来"。③

因此,要想对《济》文进行言语思维解读,当以原文为基础,从言语思维的角度深入透视作者如何以一种"幽默闲适"的散文风格"表现自我"。

一、在对比思维中走向催眠的"理想境界"

通常认为,贯穿《济》文的主线是"温晴"。比如:苏教版教参认为《济》文"抓住济南冬天'温晴'的特点,描绘了一幅幅济南特有的动人的冬景图,抒发了深深的喜爱和赞美之情"。④ 这一解读,虽然没有直接提到"主线"这个词,但是明确指出《济》文是抓住"温晴"这一特点展开的,这便变相确认了《济》文的主线是"温晴"。

然而,《济》文的主线真的是"温晴"吗?现在看来,似乎还有待商榷。

(一) 从对比思维的角度来看

对比思维是言语思维方式的一种。它是指主题展开的过程中,选

---

① 王本朝. 老舍研究 [M]. 重庆:重庆大学出版社,2013:137.
② 王本朝. 老舍研究 [M]. 重庆:重庆大学出版社,2013:138.
③ 林语堂. 叙《人间世》及小品文笔调 [M] // 林语堂. 林语堂文选(下). 北京:中国广播电视出版社,1990:24.
④ 洪宗礼. 义务教育教科书语文教学参考书七年级(上册)[M]. 南京:江苏凤凰教育出版社,2016:243.

择两组在立意或情调上相反、相对的材料进行写作,以在强烈的反差中增强文章的感染力、说服力、说明力的思维方式。[①]《济》文第一自然段运用了三重对比式言语思维,以凸显济南冬天那独特的气候特点。

请看下图：

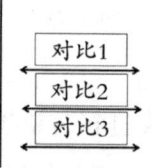

"对比1"中,用北平冬天的"刮大风"与济南冬天的"没有风声"进行对比。北平地处北方,本就寒冷,如果再刮大风,更是天寒地冻、奇冷无比;而济南则不同,济南虽也身处北方,本应同样寒冷,却没有风声。没有风声并不代表没有风,而是风很小听不到声音罢了。寒冷的天气里没有了风声,相对来说就会暖和许多。因此,"对比1"表面看来是风大小的对比,实际上,却是"冷""暖"两种色调的对比,北平的冬天越"冷",便越是凸显济南冬天的"暖"。

"对比2"中,伦敦深受雾霾侵害,那里的冬天不见日光,整天灰蒙蒙的,显然是一种"灰"色调。长期生活在"灰"色环境里,人的心情自然好不到哪里去;而济南的冬天则是响晴的,晴朗无云的。一切都是明亮的,自然是一种"亮"色调,而明亮的环境常常使人心情舒畅。如此,"灰""亮"两种色调形成了鲜明对比,伦敦的冬天越是灰暗压抑,便越是凸显济南冬天的明亮舒畅。

"对比3"也是一样的道理。热带日光永远那么毒,响亮的天气叫人害怕,那是一种令人生畏的"热"色调;而济南的冬天不一样,

---

① 马正平. 高等写作思维训练教程（第二版）[M]. 北京：中国人民大学出版社, 2010：81.

本来"在北中国的冬天"中隐含了"理应是寒风刺骨、日光惨淡",[1] 然而,济南的冬天却是那样的"温晴",这显然是一种"温"色调。在"热""温"两种色调的对比中,热带的日光越是毒辣,响亮的天气越是叫人害怕,便越是凸显济南的冬天"温晴"的可贵。

可见,老舍运用"冷"与"暖"、"灰"与"亮"以及"热"与"温"三重对比是为了凸显济南的冬天那与众不同的气候特点。不可否认,这种"没有风声",且"响晴"和"温晴"的气候特点,自然会使济南的冬天相对暖和一些。但是,这并不表明"没有风声"和天气"响晴"这两个气候特点,就必然地统摄于"温晴"这一特点之中。事实上,老舍通过上述三重对比,所着意表达和描绘的是济南的冬天三个不同气候特点,即没有风声、没有雾霾和没有毒辣日光。而且,从句式特点来看,这三重对比是对等、并列的关系,并不是递进关系,或是包含关系。也就是说,老舍通过跟北平、伦敦以及热带的气候特点进行对比,所凸显的济南的冬天的"没有风声""响晴"与"温晴"这三个气候特点是对等、并列的关系,谁也不能代替对方。这至少说明一点,"温晴"并不是《济》文第一自然段所要表达的核心,如果这一结论可以成立的话,那么,把"温晴"作为《济》文全篇的主线,就要再斟酌了。

那么,《济》文的"主线"究竟是什么呢?

其实,上文所提到的几组对比都是显性的对比,除此之外,还有一组隐性的对比。

请看《济》文的第二自然段:

> 设若单单是有阳光,那也算不了出奇。请闭上眼想:一个老城,有山有水,全在蓝天下很暖和安适地睡着,只等春风来把他

---

[1] 洪宗礼. 义务教育教科书语文教学参考书七年级(上册)[M]. 南京:江苏凤凰教育出版社,2016:240.

们唤醒，这是不是个理想的境界？

这段话中的"设若"是一个表示假设的连词，用于引出一种假设的情况，以便于进行叙述、比较或论证。老舍通过"设若单单是有阳光，那也算不了出奇"，构建了一个相对平淡、单调的虚拟情境，然后，再通过"请闭上眼想"引导读者进入老舍构建的美丽、和谐、宁静的"理想境界"：一个老城，有山有水，全在蓝天下很暖和安适地睡着，只等春风来把他们唤醒。两者形成了强烈的对比。只是，这里的对比较为特别。老舍使用"设若"引出假设情境，并表示这"也算不了出奇"，这样的描述实际上是为后面的"理想境界"做铺垫，意在使后面的描述更加突出和引人注目。可见，《济》文的叙述重心在"理想境界"，而不是"温晴"。再从《济》文的叙述结构来看，老舍更多地着墨于描绘"理想境界"的细节和美感，从而使读者能够更加强烈地感受到其中的美好与宁静。这种对"理想境界"的强调与突出，非常显豁地表明了《济》文的重点所在。

其实，在统编教参里也有相关论述："在分写山水之前，先给人对济南的总体观感，用拟人的笔法烘托出一个'暖和安适'的'理想境界'。作者紧扣住这一点，绘山景，描水色，寓情于景，既表现济南冬天山水之美，又寄寓对祖国河山真挚的爱。"[①] 请注意关键词：紧扣住这一点。这再次表明，"温晴"并不是贯穿《济》文的主线，"理想境界"才是。

（二）从审美思维的角度来看

散文毕竟是一种文学体裁，它追求的是一种情感的审美价值，而

[①] 人民教育出版社课程教材研究所中学语文课程教材研究开发中心. 义务教育教科书教师教学用书语文七年级上册 [M]. 北京：人民教育出版社，2016：15–16.

不是实用价值。它是运用审美思维来结构全文、生成语篇的。从这一视角出发，可以清晰地看到，虽然"温晴"作为一个气候特点在文中有所提及，但其真正的主旨和审美追求却集中在"理想境界"的展现上。

在气候学上，"温晴"是指冬天里阳光充足、天气暖和。在老舍的笔下，其为济南的冬天增添了一种特殊的韵味。然而，这种韵味主要满足了人们对温暖和阳光的生理需求，它更多地体现了自然环境与人类生活的实际关联，主要表现为一种实用价值。当然也有文学价值，不过，从审美情感的深度来看，它仍然停留在一个相对较浅的层面。与此相对，"理想境界"则体现了老舍对审美情感的深层追求。在文学中，"理想境界"不仅仅是一个美好的场景或情境，更是作者心中的乌托邦。在《济》文中，这个"暖和安适"的老城，是一个与自然和谐共存、无纷争、宁静致远的世界。这个世界里的每一个细节，都充满了情感的投射和审美的追求。

从叙述结构和文本重点来看，老舍用了更多的篇幅和更细腻的笔触来构建这个"理想境界"。他不仅仅是在描述一个地方或一个季节，更是在创造一个审美的宇宙，其中充满了诗意、哲理和情感。这种深度和广度是"温晴"这一描述所无法比拟的。

再者，我们必须注意到散文作为一种文学形式，其最大的特点是通过个人化的情感和视角来反映和解读世界。老舍选择"理想境界"作为他情感投射和审美追求的载体，正是因为这一境界能够最大限度地展现他对人性、社会和生活的深度思考和探索。

因此，《济》文的真正主线和审美追求不是"温晴"，而是"理想境界"。这不仅仅因为"理想境界"在文本中得到了更多的展现和深入的探索，更是因为它体现了老舍作为一位文学大师对审美情感的深度追求和对人性、社会、生活的深入反思。这种深度和广度使得《济》文不仅是一篇描述季节或地方的散文，更是一篇对情感、审美和人性的深度探索的文学巨篇。

二、在联想思维中走向催眠的"理想境界"

确定了《济》文真正的主线和审美追求，还要进一步从言语思维的角度深入解读作者是如何构建和营造属于他本人的独特审美空间——催眠的"理想境界"的。

（一）类似联想中的"理想境界"

《济》文中用得较多的是"类似联想"，它属于联想式言语思维的一种。"联想思维"是一种基于相似性原理的思维方式，通过寻找不同事物之间的相似点，将它们联系在一起，从而产生新的理解和感知。在文学创作中，"类似联想"式言语思维可以帮助作者将抽象的情感、意境与具体的景物、形象相结合，使读者能够更直观地感受到作者想要表达的情感和意境，从而表现美的品质和价值，引发读者的审美体验和情感共鸣。

《济》文第三自然段中，"小山整把济南围了个圈儿，只有北边缺着点儿口儿"描写的是具体的景物、形象，既没有什么特别之处，也没什么情感可言，老舍便运用"类似联想"式言语思维，由此联想到"好像是把济南放在一个小摇篮里，他们全安静不动地低声地说：'你们放心吧，这儿准保暖和'"。这里的"摇篮"看起来似乎也是一个没有情感的具体的客观物体，但这是母亲用来育儿的物件，温暖、舒适，是一个催眠的"理想境界"，更重要的是还包含了母亲对儿女深深的爱。这样，便使得简朴的文字充满了情感的审美价值。

《济》文的第四自然段运用的也是"类似联想"式言语思维。这里的"树尖儿上顶着一髻儿白花"、"山尖全白"、山坡上"一道儿白，一道儿暗黄"以及"阳光斜射在山腰上"等都是客观存在的自然景物，它们本身没有什么情感，但是当作者运用"类似联想"式言语思维，分别联想到"日本看护妇""给蓝天镶上一道银边""给山们穿上一件带水纹的花衣"以及"薄雪好像忽然害了羞"后就大不一样了。这样一联想，使得雪后矮松的形态更加秀美，更能展现相连的雪后小山与蓝天相接的迷人景色，更能表现雪色与草色相间的美景以及夕阳斜照下雪色娇美的情态。这不是人间仙境吗？不是一种催眠的"理想境界"吗？而更为关键的是这里的"看护妇""镶""穿"或是"害羞"，要么是人，要么是人的动作、表情，这样，原来属于自然界客观存在的没有任何情感的事物，便具有了人类的情感，且在一次又一次的类似联想的渲染中，原本平常的景物具有了极为丰富的情感的审美价值。

像这样"类似联想"式言语思维的运用，《济》文中还有许多，"把济南的冬天的景物写得形真、态美、色艳、情浓，生动地描绘了济南的冬天多姿多彩、明媚绚丽的景象，令人心醉，诱人神往"[①]。

（二）接近联想中的"理想境界"

《济》文第三自然段以细腻的笔触和深邃的思考，向读者展现了一个独特的"理想境界"。其中的一句话："明天也许就是春天了吧？这样的温暖，今天夜里山草也许就绿起来了吧？"集中体现了作者的"接近联想"式言语思维。

所谓"接近联想"式言语思维，是指在言语表达中，通过将近似、相关的事物、情感或观念联系在一起，达到表达某种深层含义或感情的效果。在这段文字中，老舍首先通过"明天也许就是春天了吧"这一设想，将冬天的温暖和春天的临近联系在一起。这种设想并不是随意的，而是基于作者对自然的敏锐观察和对生活的深入体验。在老舍看来，冬天的温暖预示着春天的到来，这是一种自然的循

---

① 曾伦哲. 撷谈《济南的冬天》的联想 [J]. 语文教学通讯, 1992 (3): 48.

环,也是生活的节奏。

接着,老舍通过"今天夜里山草也许就绿起来了吧"的想象,进一步强调了春天的即将到来。他将小草的变绿与春天的到来紧密相连,这不仅使得读者能够更直观地感受到春天的气息,也使得读者对明天充满了期待。这种期待并不是没有根据,而是基于对自然规律的认知和对生活的理解。

总的来说,老舍通过"接近联想"式言语思维,成功地描绘出了一个理想的、温暖的春天的景象。这不仅使得读者能够在冬天的描绘中感受到春天的希望,也使得读者对生活和自然有了更深的理解。这种理解既包括对自然规律的认知,也包括对生活的感悟。"接近联想"式言语思维的运用,使老舍成功地表达了他心中的"理想境界",也使得他的作品具有了更强的艺术感染力。

(三)因果联想中的"理想境界"

在《济》文第五自然段中,"因果联想"式言语思维的巧妙运用,展现了作者对"理想境界"的深深向往。

所谓"因果联想"式言语思维是指文学创作中,出于某种原因或条件而引发对另一相关事物或情境的联想。具体到老舍的这段文本,他运用"因果联想"式言语思维,将济南冬天的实际景色与唐代名家的水墨画联系在一起。这一联想并非凭空而来,而是建立在两者之间的内在相似性上:济南冬天的美景和唐代水墨画都追求一种自然与人文、现实与理想相融合的美感和意境。通过这种联想,老舍不仅提升了济南冬天景色的审美价值,也为其注入了历史和文化的内涵。

同时,这种"因果联想"式言语思维也体现了老舍对济南冬天的独特情感和深度思考。在他看来,济南冬天的美景就如同一张唐代名家的水墨画,是自然与人文、现实与理想完美融合的产物。这样的境界既是老舍心中的理想，也是他对济南冬天的独特情感的体现。

因此，通过对"因果联想"式言语思维的解读，我们可以更深入地理解和感受到老舍笔下的济南冬天的魅力，以及他对"理想境界"的向往和追求。

（四）递进渲染中的"理想境界"

更为关键的是，《济》文中联想式言语思维的运用并不是孤立的，而是以某种关系联系成一个整体。比如作者对于"小摇篮""小水墨画"以及"蓝水晶"的三处联想式言语思维的运用就非常有意味，展现了他对人生境界的深入探索。从物质层面的"生存境界"到精神层面的"审美境界"，再到更高层面的"哲学境界"，呈现出一种散文意境上的递次蕴含①的关系，构建了一个审美化的催眠的"理想境界"。

"小摇篮"的联想对应的是安全需求，属于生存境界。在老舍的笔下，济南的冬天就像一个舒适的摇篮，给人温暖和安全感。这个联想来源于作者对济南冬天的直观感受，同时也是他对生活的理解。生活的基础是生存，而生存的基础是安全。只有当人们感到安全时，才能放下心来，去欣赏生活的美好。因此，老舍通过"小摇篮"这个联想，营造了一个温暖、安全的"理想境界"。

"小水墨画"的联想对应的是艺术追求，属于审美境界。在老舍看来，济南的冬天就像一幅美丽的水墨画，充满了诗意和美感。这个联想体现了老舍对艺术的热爱和对生活的审美追求。生活不仅仅是生存，还有对美的追求和欣赏。只有当人们懂得欣赏生活中的美时，生活才会变得丰富多彩。因此，老舍通过"小水墨画"这个联想，提升了"理想境界"的审美层次。

---

① 谢建丰. 试析《济南的冬天》连环比喻构成的"理想境界" [C] // 2020 年课堂教学教育改革专题研讨会论文集，北京，2020 - 8 - 20.

"蓝水晶"的联想对应的是人们的精神归宿,属于哲学境界。在老舍的眼中,济南的冬天就像一块透明的蓝水晶,清澈、纯净、深邃。这个联想反映了老舍对人生的深入思考和对精神世界的追求。生活不仅仅是生存和审美,还有更高层次的对精神世界的探索和追求。只有当人们找到自己的精神归宿时,才能真正地感到满足和幸福。因此,老舍通过"蓝水晶"这个联想,为"理想境界"赋予了更深层次的哲学内涵。

从联想式言语思维的角度来看,老舍巧妙地运用了这三个联想来营造审美化的催眠的"理想境界"。他通过生动的比喻和形象的描述,使读者能够直观地感受到他所描绘的"理想境界"。同时,他还通过这三个联想的递进蕴含的关系,引导读者从物质层面逐渐深入到精神层面去思考和理解生活。

三、在张力思维中走向催眠的"理想境界"

上文是从局部来解读的,要想更进一步地深入解读《济》文是如何运用言语思维构建、营造催眠的"理想境界"的,还需要从整体着手。要想做到这一点,就必须还原《济》文才行。《济》文是一个删减版,入选教材时被删去了第一自然段,以及最后两个自然段:

上次说了济南的秋天,这回该说冬天。

(《一些印象》之五的第 1 自然段)

树虽然没有叶儿,鸟儿可并不偷懒,看在日光下张着翅叫的百灵们。山东人是百灵鸟的崇拜者,济南是百灵的国。家家处处听得到它们的歌唱;自然,小黄鸟儿也不少,而且在百灵国内也很努力的唱。还有山喜鹊呢,成群的在树上啼,扯着浅蓝的尾巴飞。树上虽没有叶,有这些羽翎装饰着,也倒有点像西洋美女。坐在河岸上,看着它们在空中飞,听着溪水活活的流,要睡了,催眠的"理想境界"

  这是有催眠力的；不信你就试试；睡吧，决冻不着你。
  要知后事如何，我自己也不知道。
（《一些印象》之五的倒数第 1、2 自然段）

  从原文来看，《济》文之所以能够营造出一种催眠的"理想境界"，跟老舍巧妙运用虚实相映的张力思维息息相关。
  "张力思维"也是言语思维的一种，是"指在写作行文过程中，对表达对象载体、表达的思维方式、表达的量和表达的速度进行形式上的对比性、反衬性的赋形思维操作行为"，"叙述行文中的张力思维就是以虚和实的变化产生文采张力"。[①]
  原文的第三至七自然段，作者以其丰富的想象力，构建了一个诗意的、梦幻的冬天的济南。通过对自然景色、人们的生活等细节的生动描写，老舍成功地展现了一个和谐、宁静而又充满活力的冬天的济南。这种虚写的方式，不仅增强了文章的艺术感染力，也使得读者更容易被文章所吸引，逐渐进入作者所设定的理想境界之中。
  而在被删除的原文的最后两个自然段中，作者则巧妙地运用了实写的方式，将读者的思绪从梦幻的冬天拉回到现实之中。通过对百灵鸟、小黄鸟、山喜鹊等鸟类的生动描绘，以及对于听着溪水声入睡的细节描写，作者构建了一个具有催眠效力的冬天的济南。这种从虚到实的转换，不仅使得文章的叙述更加富有张力，也使得读者在阅读过程中产生了一种如梦初醒的感觉，增强了文章的审美体验。
  从虚实映衬的张力言语思维的角度来看，《济》文的成功之处在于其对于虚实的娴熟运用和精准把握。在文章中，虚与实相互交织、相互补充，共同构建了一个理想化的冬天的济南。其中，虚的部分以其诗意和梦幻吸引了读者的注意力，使读者沉浸在这个"理想境界"

---

  ① 马正平. 高等写作思维训练教程（第二版）[M]. 北京：中国人民大学出版社，2010：111-116.

之中；而实的部分则以其真实和细腻增强了文章的说服力，使读者对这个"理想境界"产生了更深的向往和追求。这种虚实映衬的张力言语思维，不仅使得文章的叙述更加丰富多彩，也使得读者在阅读过程中获得了更多的审美享受。

可见，原作的第八段，即原文的倒数第二段（倒数第一段是一个过渡段，不谈）"并不是作者的多余之笔，更不是败笔，有了这一段才让我们感到济南不但是美丽的，更是灵动的，莺歌鸟语，流水淙淙。没有'第八段'，我们看到的课文《济南的冬天》只是一幅图画，是作者的'幻象'，就如前面提到的是'闭上眼想'的，所以作者在第七段末尾加上一句'这就是冬天的济南'。这句是对以上'幻象'内容的总结，也是对幻想的结束，在鸟儿的啼叫声中作者的思绪回到现实"[1]。

综上所述，《济》文的主线并不是"温晴"，而是"理想境界"。老舍运用对比式言语思维与其他地方的冬天作对比，凸显出济南冬天的独特之处；运用多种联想式言语思维，将冬天的济南描绘得如诗如画，充满梦幻色彩；再运用虚实映衬的张力言语思维结构全文，营造了一个催眠的"理想境界"。这样，便使《济》文充满了艺术感染力和强烈的审美体验。

---

[1] 张炜炜. 内容的"残缺"与文学经典化生成：以老舍作品《济南的冬天》为例[J]. 山东师范大学学报（人文社会科学版），2014，59（1）：17.

不朽的"背影"

——朱自清《背影》的言语思维解读

朱自清先生的散文《背影》(下称"《背》文")创作于1925年10月,同年11月22日发表在第二百期的《文学周报》上,至今已近百年;后于1930年入选赵景深主编的教材《初级中学混合国语教科书(第三册)》(上海北新书局出版),至今也已九十三年之久。作家李广田说,在20世纪三四十年代的中学生心目中,"'朱自清'三个字已经和《背影》成为不可分的一体"①,可见《背》文的影响有多深远。

然而,《背》文成为经典的道路并非一帆风顺,这可从其近百年的解读史和教学史窥见一斑。

民国时期,《背》文被当作"父子之爱"的教化和"语体文"学习的范本,到新中国成立之初,因不能承担思想政治教育的任务而被逐离教科书,改革开放后,主题才得以回归。如今,随着新课程的改革,《背》文的主题教学呈现出既解构又建构的多样性和多元化局

---

① 转自2017版教育部组织编写,人民教育出版社出版的义务教育教科书语文八年级上册的第14课《背影》一文的"预习"部分。

面,如"父亲不堪"论、"儿子愧疚"论、"刹那主义"论等。① 这是一个"肯定——否定——再肯定"的过程,这一过程构成了一种独特的现代文学经典作品的教学现象,值得我们深思。"'《背影》教学'无论在语文教育史上还是在现代文学史上,都已构成一个典型事件。"②

那么,《背》文及其教学为何会历经如此多的波折?而更为关键的是,为何历经如此多的波折,《背》文仍然能够成为经典?《背》文中的"背影"形象为何百年不朽?这背后究竟有什么样的内在学理作为支撑呢?

为了回答上述世纪难题,近百年来,人们运用各种理论分别从主题、人物、构思、结构、手法、语言、修辞等多个方面进行了深入透彻的研究,取得了极为丰硕的成果。用钱理群的话说,已有的研究文献对其文字本身的分析,已经十分精细,很难再多说什么。只能变换一个角度,或许还有些话可说。③

通过对《背》文的相关研究文献的梳理,我们发现,很少有人从言语思维的角度研究《背》文。这似乎是个很不错的角度,因为任何作品都是作者基于一定的言语思维生成的,而言语思维通常会不同程度地指向情感的审美价值。因此,从言语思维的角度展开研究,或许能打开一扇门,让我们从一个全新的视角窥见《背》文中的"背影"形象百年不朽的真正原因。

一、胚胎言语思维下的不朽"背影"

要想深入解读《背》文中的"背影"形象何以不朽的原因,首

---

① 李斌辉.《背影》作为课文的教学史研究[J].课程·教材·教法,2016,36(5):106.
② 赵焕亭.《背影》教学史[J].中国现代文学研究丛刊,2009(3):54.
③ 钱理群."做"与"不做"之间:读朱自清的散文《绿》《背影》和《春》[J].语文学习,2009(2):58.

不朽的"背影"

先得从《背》文的胚胎展开:

我与父亲不相见已二年余了,我最不能忘记的是他的背影。

(课文第1自然段)

(一)令人疑惑的"不"字

人们在解读《背》文的胚胎时,大多关注"最"和"背影"这两个词,这是没错的。不过,相比较而言,我以为更应该关注"不"这个词。

一般来说,"不"字更富有情感色彩。当人们说"不"时,通常表达的是一种不愿意、不满意或者不同意的态度。相比之下,"没有"这个词更多地被用于描述客观事实或者陈述缺乏某种东西的状态。当然,在某些特定的语境下,"没有"也可以带有一定的情感色彩,例如当人们因为没有某个东西而感到失望或者不满时。但是总体来说,"不"比"没有"更富有感情色彩。

既然如此,我们就不能忽略"不"这个词了,更何况它出现在文章胚胎中。那么,作者为什么长达两年多不愿意、不满意或者不同意与父亲相见呢?其间究竟有着什么样的隐情呢?

这就要从朱氏父子之间的情感纠葛说起了。

《背》文中的故事发生在1917年,而《背》文的写作则在八年之后的1925年。1917年那年,"父亲朱鸿钧时任徐州榷运局长,在徐州纳了几房妾。此事被当年从宝应带回的淮安籍潘姓姨太太得知,她赶至徐州大闹一场,终至上司怪罪下来,撤了父亲的差。为打发徐州的姨太太,朱鸿钧花了许多钱,以至亏空五百元,让家里变卖首饰,才算补上窟窿。祖母不堪承受此变故而辞世,终年七十一岁。朱自清从北京先到徐州与父亲会合,然后一道回扬州。父亲借钱才办了丧事。经此变故，朱家彻底败落"①。

由此可知，1917年的"那年冬天"，祖母死了，父亲的差使也交卸了，其"祸"不在天，而在朱父本人；回家变卖典质，还了亏空，又借钱办了丧事，致使家中光景很是惨淡的根本原因，也在朱父。那时候，朱自清已经结婚成家，且在北大接受新思想的教育，一个成年且有自己独立意识的朱自清，对于父亲的不堪，不可能没有怨恨。再加上，朱自清工作之后，在朱自清也需要养活妻儿的情况下，朱鸿钧却对朱自清控制得愈加严重，从不满意朱自清每月只上交一半的工资，再到直接把朱自清的工资通过私人关系全部领回家，朱氏父子的关系便不可避免地彻底破裂了，以致在长达两年多的时间里，他们彼此都不愿意见对方。

然而，这样的非同寻常的隐含信息，却仅仅在文章胚胎中的"不"里若隐若现。这就让人奇怪了。而更让人奇怪的是，如果单看《背》文的文字表述，仿佛朱家的祸不单行和家中光景很是惨淡是"天灾"，是20世纪20年代那个特殊的社会背景下的必然结果。这是朱自清在有意误导读者吗？还是另有深意？作者为什么要这样写？他究竟想表达什么呢？

（二）非同寻常的"不"字

1. 对话之所需

我们知道，任何言说都有其特定的预设读者与言说对象，从这个意义上讲，写作就是一种与预设读者、言说对象之间特殊的对话、交流。作者朱自清在"我与父亲不相见已二年余了"一句中用"不"，而不是"没有"，这显然是有意为之，是朱自清与其父朱鸿钧对话、

---

① 姜建，吴为公. 朱自清年谱 [M]. 北京：光明日报出版社，2010：9.

交流之必需。

那么，朱氏父子之间究竟是一种什么样的对话呢？朱自清为什么要这样说呢？

《背》文里关于"背影"的故事十分感人，对于作家朱自清来说，那是一个非常难得的写作素材，按说，回到北大后，他应迫不及待地把它写进文章才对。然而，他没有这样做。之所以如此，是因为那时候的朱自清对于父亲的所作所为是颇有微词的。其后的八年间，也没有把这个故事写进散文，是因为朱氏父子之间的关系非但没有好转，反而不断恶化，以致断绝来往两年多。既然如此，为什么八年后的1925年，朱自清又把"背影"这个故事写进他的散文中呢？

一方面这是朱鸿钧主动示弱、寻求对话的结果。

朱父对于成年之后的朱自清有着强烈的控制欲，他做的许多事情深深伤害了朱自清，但是随着年岁的增长，他少了许多暴戾，且也跟寻常老人一样渴盼天伦之乐。于是，他才在给朱自清的一封信中说，"我身体平安，唯膀子疼痛厉害，举箸提笔，诸多不便，大约大去之期不远矣。"这是一封很有意思的信。因为这封信里存在着明显的矛盾，朱自清不可能看不明白的。试想，既然朱父说"身体平安"，且膀子疼痛也不是什么致命的疾病，又何来的"大去之期不远"呢？再说了，1925年的朱父也不过五十六岁，不算太老，何谈生死。事实上，朱父二十年后才去世。所以，这实际上是朱父在有意示弱。这是很重要的一点，因为依照当年朱氏父子的关系，他们已经到了老死不相往来的地步。现在，朱父主动示弱，朱自清岂能没有触动，这便为朱氏父子之间的对话创造了必要的条件。

另一方面，朱自清本人对朱父和"父亲"这一角色也多了些理解与体谅。

1917年，发生"背影"这个故事时，朱自清已成年。但是，毕竟刚刚结婚不久，才十九岁（虚岁二十），且还在读书。他对父亲这个角色，并没有太多的意识。但是，写作《背》文时，就不一样了。他已从北大毕业多年，自己也成了多个孩子的父亲，生活之艰辛，为父之不易，让朱自清对朱父以及"父亲"这个角色，多了一些宽容和理解。尤其是，当父亲主动向他示弱时，他内心的情感一下子绷不住了，这才泪如泉涌。朱自清说："我写《背影》，就因为文中所引的父亲的来信里那句话。当时读了父亲的信，真是泪如泉涌。我父亲待我的许多好处，特别是《背影》里所叙的那一回，想起来跟在眼前一般无二。"① 这便为朱氏父子之间的对话创造了可能。

然而，这终究是一场特殊的对话，朱自清自然不能老是提那些不愉快的往事，但也不能违背事实，所以，就用了"不"这个字。这个字，别人或许不明就里，但在朱父一看便能明白。而更加难能可贵的是，朱自清在《背》文的整个行文过程中，一个字都没有提到他们父子不相见的真正原因，这点拳拳之心，想来朱父大概也能读懂吧。再加上，在文章胚胎中，朱自清又巧妙地把行文重点落在了"我最不能忘记的是他的背影"上，而深深地戳到了朱父的泪点。这是由于早年朱父对于年幼的朱自清的确是十分疼爱，照顾有加。所以，才使得朱父第一次看到《背》文时，"一字一句诵读"，"手不住地颤抖，昏黄的眼珠，好像猛然放射出光彩"。② 当然，作者这样写，或许还有"家丑不可外传"和"子不言父之过"的考量。

2. 艺术之所需

日内瓦学派认为：作品是作者意识的纯粹体现，而不是作者实际生活经历的再现，而意识不仅仅是被动地记录世界，而且还主动地构

---

① 朱乔森. 朱自清全集（第四卷）[M]. 南京：江苏教育出版社，1990：483.
② 转自 2017 版教育部组织编写，人民教育出版社出版的义务教育教科书语文八年级上册的第 14 课《背影》一文的"补白"部分。原文摘自朱国华的《朱自清与〈背影〉》。

成世界。① 所以，文本与生活之间"不是完全一一对应的，作品中所描述与建构的生活图景，未必就是作者所经历与体验的生活本身，哪些生活事件与信息可以进入文本，不仅取决于作者知道或者记得些什么，也取决于作者建构文本时的修辞意图"②。因此"我与父亲不相见已二年余了"一句中，作者有意地选择"不"，而不是"没有"，必然是有其深意的。

那么，作者这样写究竟有什么样的深意呢？

这就要看作者"不写什么，弱化什么，省略什么，割舍什么，强调、强化了什么"③了。如果朱自清先生用了"不"这个词后，在下面的行文中也如实记录了朱氏父子之间的恩恩怨怨的前因后果，那么，《背》文就落了俗套。它就只能展现朱自清父子之间的冲突，而这"实质上是旧传统与新文化的冲突，是父亲的封建家长专制与儿子的独立人格要求的冲突，这是20世纪初中国知识分子的共同境遇"④。虽然这样写也有深度，但是终究少了些普遍意义，且无法达成朱自清与其父和解的意图。所以朱先生对此选择了忽略不提，而是有意地把读者的注意力吸引到朱父的"背影"上。

这样一来，《背》文就"不是事实的历史记载，而是叙述的文本，它是以追忆构筑的文本世界。《背影》中最为人称道的真挚情感，正是从追忆中生长出来的人间真情。但它不是一九一七年感动，而是一九二五年忏悔和歉疚的深情。《背影》是回忆，他所采取的回溯性的叙事，具有更为丰富的诗学内涵"⑤。

---

① 王玉宝.《背影》：被"死亡"照亮的世界［J］. 名作欣赏，2004（12）：14.
② 黄键. 文本内外：《背影》的症候分析：兼及文本解读中作者传记资料运用的正当性问题［J］. 文化与诗学，2015（1）：221.
③ 孙绍振. 孙绍振如是解读作品［M］. 福州：福建教育出版社，2007：456.
④ 李自国.《背影》中父子的冲突及化解［J］. 名作欣赏，2018（26）：130.
⑤ 王玉宝.《背影》：被"死亡"照亮的世界［J］. 名作欣赏，2004（12）：14.

这种"诗学内涵",不但以一种艺术的形式回应了朱父的有意示弱,更重要的是朱自清先生有意淡化朱氏父子之间的恩恩怨怨,使得《背》文有了超越时代的可能。因为"代际鸿沟、家庭琐事等,父子之间的冲突或许普遍存在,许多人的父子亲情都不完美,甚至有隔膜,父子的情感突围就显得十分必要,《背影》既能让有此缺憾的未成年读者思考亲子之情,又能让已为父母的成年读者'心有戚戚焉',而这种情感突围是人之常情、人之本性,因此能够引起绝大多数读者的共鸣而成为文学经典"①。正是基于这种艺术上的超越,《背》文及其中的"背影"才具有了不朽的价值与意义。

二、错位言语思维下的不朽"背影"

错位思维,即"错位式言语思维",也是言语思维的一种,它缘自孙绍振先生的"错位"理论。②

所谓"错位",指位置、职位、职能、环境、人际关系、性格、情感等方面的改变或错乱。文学批判理论中的"错位"理论是指文学作品中的各种元素之间的正常顺序和关系的打破或错乱,包括人物之间的情感错位、人物与环境之间的感知错位等。这种错位现象在文学作品中经常出现,并被用作一种有效的艺术手段来增强文学作品的艺术感染力。

错位式言语思维则是指言语表达中通过打破环境、人际关系、性格、情感等正常顺序或关系,来制造错乱或变化,形成对比,从而引发读者的强烈反思,以增强言语表达的艺术感染力的一种思维方式。通常包括实用与审美的错位、情感错位、感知错位、性格错位等。

---

① 李自国.《背影》中父子的冲突及化解[J].名作欣赏,2018(26):131.
② 孙绍振先生认为,所谓"错位",就是在同一情感结构中的人物拉开了情与感的距离。具体参见孙绍振、孙彦君的论著《文学文本解读学》的第302页。该论著于2015年由北京大学出版社出版。

不朽的"背影"

《背》文主要从两个方面形成错位,塑造了文学史上不朽的"背影"形象。

(一) 不朽"背影":在实用审美的错位中

人们普遍认为,朱自清先生在《背》文中塑造了不朽的"背影"形象,这话总体来讲是没错的,不过,说得比较笼统,因为《背》文中四次渲染的"背影",其实并不完全一样。

请看《背》文对"背影"的四次渲染:

【渲染一】我与父亲不相见已二年余了,我最不能忘记的是他的背影。

(课文第1自然段)

【渲染二】我看见他戴着黑布小帽,穿着黑布大马褂,深青布棉袍,蹒跚地走到铁道边,慢慢探身下去,尚不大难。可是他穿过铁道,要爬上那边月台,就不容易了。他用两手攀着上面,两脚再向上缩;他肥胖的身子向左微倾,显出努力的样子,这时我看见他的背影,我的泪很快地流下来了。

(选自课文第6自然段)

【渲染三】等他的背影混入来来往往的人里,再找不着了,我便进来坐下,我的眼泪又来了。

(选自课文第6自然段)

【渲染四】我读到此处,在晶莹的泪光中,又看见那肥胖的、青布棉袍黑布马褂的背影。唉!我不知何时再能与他相见!

(选自课文第7自然段)

"渲染二"中的"背影"是指朱父翻越月台去买橘子的背影,而"渲染三"中的"背影"则是指朱父送别朱自清离开时的背影,虽然都是指朱父背后的身影,但是,两者的差异还是很大的。"渲染一"和"渲染四"中的"背影",从具体的文字表述来看,既指朱父翻越月台去买橘子的背影,也指朱父送别朱自清离开时的背影。不过,由于"渲染三"中朱自清的流泪,显然跟"渲染二"中朱父的背影有着直接的因果关系,即朱自清因为朱父翻越月台给他买橘子的背影而深深感动,所以,当再次看到父亲送别离开的背影时,流下泪来。可见,"渲染一"和"渲染四"中的"背影"主要还是指"渲染二"中朱父翻越月台买橘子的背影。学界研究得比较多的也是这一"背影",本文也以这一"背影"为主要研究对象。厘清了这一点,下面就好论述了。

1. 价值错位

从现存的文献资料来看,无论是一线教师,还是部分学者,他们对于朱自清父亲"背影"形象的认知都并非完全一致。甚至,存在这样一种声音:朱父跨越铁道月台的行为违反了交通规则,这使得其形象既不潇洒,又缺乏美感。

然而,这样的观点正确吗?答案或许恰恰相反!

在我们看来,或许恰恰是这所谓的"违反交通规则"之举,正是这"不够潇洒"的形象特质,才铸就了文学史上那不朽的"背影"形象。它承载着深沉的父爱,超越了简单的行为规范审视层面,成为情感与文学价值的永恒象征。

对于这一问题,我们不妨进行反向思考,或许能从中得到一些有益的启发。比如,不让朱父违反交通规则,而是从人行道走过去,如果有红绿灯的话,最好等绿灯亮了,再过去买橘子。行走的姿势也要优美一些、得体一些,最好不要太胖,这样影响美感,至于穿着,可以不用多亮丽,但至少整洁一些,跟当时大多数人的穿着一样。在不考虑朱家当时特殊的家庭状况,以及散文是一种纪实性文体通常不宜虚构的情况下，这样设计朱父的"背影"是不是就"完美"了许多呢？可问题是，这样的"背影"，不就是千千万万送别者的背影吗？不就是平常父亲的平常背影吗？然而，散文终究是要表达作者独特情感的，如此司空见惯的父亲的背影，还有多少美学意义呢？

其实，这里涉及一个十分重要的审美思维和言语思维策略问题。

通常认为只有具有"真""善""美"的人、事、物才是具有美感的，因此，人们常常把创作出具有"真""善""美"的人、事、物作为审美思维和言语思维的原则与策略。然而，这样的认知其实有待商榷。

我们知道"真""善""美"本是一组哲学概念，在哲学体系中，"真"通常被认为是对事实和真理的追求，"善"则探讨什么是好的或正确的行为和价值观的问题，而"美"探讨的是美的本质、价值和体验的问题。后来，人们把它们引用到文学艺术创作中。"真"是指人、事、物的真实性和客观性，"善"指道德价值和人文关怀，而"美"主要以情感为核心，情感独特丰富的才叫美。然而，需要注意的是，这三个概念在实际创作中，并不是独立的，也不是并行的，而是彼此交错在一起的。常常是"真"而不"善"，"善"而不"美"，或是"美"而不"真"，如此才具有审美价值。这是为了让"真"与"善"，"善"与"美"，或"美"与"真"之间形成错位；有了错位，才能产生对比；有了对比，才具有审美的张力，从而产生美感。这便是错位思维的一种运用。

具体到《背》文，实际上是实用价值与审美价值的错位。"遵守交通规则与否属于实用价值，遵守的是善，不遵守的是恶。道德的善恶，是一种理性，而审美价值，则是以情感为核心的，情感丰富独特的叫做美。"[①] 只有让朱父不遵守交通规则，也就是朱父的行为是不"善"的，才能更加突出"美"，即朱父对朱自清的"情"。也就是

---

① 孙绍振. 孙绍振如是解读作品[M]. 福州：福建教育出版社，2007：454.

说,只有"善"与"美"错位了,才能凸显"背影"这一形象的美学价值。

2. 程度反差

错位式言语思维本质上是一种对比思维,既然是对比,就必然会强调对比双方的反差视角和反差强度有多大。所以,仅仅只是使"真""善""美"相互错位,只能为创造具有审美价值的文学形象提供可能,要想使文学形象具有更高的审美价值,还得运用错位式言语思维的"程度反差"策略进行进一步的强化。具体到《背》文中的"背影"形象,要想使"背影"这一形象具有非同凡响的审美价值,从而成为文学史上不朽的形象,就必须运用"程度反差"的言语思维策略进行强化。为此,朱自清进行了两次大的渲染。

请看"渲染一":

【渲染一】我说道:"爸爸,你走吧。"他往车外看了看说:"我买几个橘子去。你就在此地,不要走动。"我看那边月台的栅栏外有几个卖东西的等着顾客。走到那边月台,须穿过铁道,须跳下去又爬上去。父亲是一个胖子,走过去自然要费事些。我本来要去的,他不肯,只好让他去。

(选自课文第 6 自然段)

"渲染一"中,朱自清三次"分渲染"了朱父对儿子朱自清的深厚情感。

先来看"分渲染一":"我说道:'爸爸,你走吧。'他往车外看了看说:'我买几个橘子去。你就在此地,不要走动。'"本来,朱父送别朱自清的事情已经完成,他完全可以离开,而且,朱自清也让其离开了。但是,当朱父看到车外有橘子卖时,当即决定去买,而且还用了一种无可辩驳的口吻对朱自清说"我买几个橘子去",并特意强调"就在此地,不要走动",仿佛在嘱咐一个小孩子一般。这一切都说明朱父是执意去买橘子的。通常情况下,如果只是简单地把父亲为儿子买橘子这件事情如实地呈现出来,那只是一种事实性的陈述,是不带情感的;但是,如果朱父执意要去给朱自清买橘子,那就大不一样了,因为这样的表述显然是带有朱父鲜明的情感的,是一种抒情式的表达,而且越是执意去买橘子,就越是显示出朱父对朱自清的深厚感情。这已经走向审美层面了。

再来看"分渲染二":"走到那边月台,须穿过铁道,须跳下去又爬上去。"这段话中的"穿过铁道""跳下去又爬上去",是说朱父此行是违反交通规则的,且很危险。这是一个事实的陈述,并没有带有多少情感;而"须"则不同。"须"是"须要""务须""必须"的意思,通常用于表示某种事情是必须要做或者必须遵循的,带有一种强烈的必要性和强调意味。这便带有情感意味了。两个"须"字强调朱父明知此行是违反交通规则的,且不安全,还执意前往。而朱父越是不考虑自己的安全,就越能凸显朱父对朱自清的深厚情感。

"分渲染三"中的"我本来要去的,他不肯,只好让他去",也是在强调朱父执意要去,这同样凸显了朱父对朱自清的深厚情感。

把这三次"分渲染"合起来看,朱自清运用的是错位式言语思维的多重"程度反差"策略。这种程度反差越大,多重渲染得越是充分,情感就越是突出,其审美价值便越能得到凸显,"背影"形象就越是鲜明而不朽。

【渲染二】我看见他戴着黑布小帽,穿着黑布大马褂,深青布棉袍,蹒跚地走到铁道边,慢慢探身下去,尚不大难。可是他穿过铁道,要爬上那边月台,就不容易了。他用两手攀着上面,两脚再向上缩;他肥胖的身子向左微倾,显出努力的样子,这时

> 我看见他的背影,我的泪很快地流下来了。
>
> (选自课文第 6 自然段)

"渲染二"中,朱自清四次"分渲染"了朱父对儿子朱自清的深厚情感。

"他戴着黑布小帽,穿着黑布大马褂,深青布棉袍"这是从穿着的角度渲染朱父外在形象的不雅观。表面看来,这是朱父服丧期间的常规穿着,但是"黑"和"深青"终究是一种令人压抑的灰色调,它彰显了朱家当时悲惨凄凉的境况。而朱父似乎根本就没有意识到穿着的不雅观,或者意识到了,根本就不去理会这些,他的心中只有儿子,这就走向了朱父的情感层面。且朱父越是不理会,越是不在意这样的不雅观,朱父"背影"形象的审美价值便更深厚。

"蹒跚地走到铁道边,慢慢探身下去"中的"蹒跚"与"慢慢"是从行走艰难的角度渲染朱父外在形象的不雅观。而"他用两手攀着上面,两脚再向上缩;他肥胖的身子向左微倾,显出努力的样子"一句则是从攀爬的笨拙的角度来渲染朱父外在形象的不雅观。这实际上也是错位式言语思维的多重"程度反差","父亲越是感觉不到自己的费劲,自己的笨拙,越是忘却了自己的不雅观的姿态,就越是流露出自己心里只有儿子,没有自己。这就是诗意"[①]。而这种"诗意"越是浓厚,文章所表现出的审美价值就越高,"背影"形象也就深深地烙在读者心里而不朽。

(二)不朽的"背影":在亲子之爱的错位中

在错位式言语思维中,不仅有"真""善""美"之间的错位,也不仅有基于理性的实用价值与指向情感的审美价值之间的错位,还

---

① 孙绍振. 孙绍振如是解读作品[M]. 福州:福建教育出版社,2007:454.

有不同人物的情感之间的错位。这样的错位，同样指向情感的审美价值。而且程度反差越大，文章的审美价值就越大。

1. 一贯而平静的父爱渲染

朱父对朱自清的爱是一贯而平静的，为此，作者进行了多次渲染：

【渲染一】（到徐州见着父亲，看见满院狼藉的东西，又想起祖母，不禁簌簌地流下眼泪。）父亲说："事已如此，不必难过，好在天无绝人之路！"

（选自课文第2自然段）

1917年，朱家遭遇了重大变故，祖母去世，父亲的差使交卸，家境很是惨淡。那时候，朱自清还在北大上学，尽管已经成家，但是还没有工作，没有任何收入，无法养家，更谈不上撑起家庭的重担。这时候，作为朱家的顶梁柱，最悲伤的应该是朱父，但是面对朱自清的簌簌流泪，朱父不但没有流露半点悲伤，还主动安慰朱自清"不必难过，好在天无绝人之路"。这样的父爱是平静的，是不着痕迹的。这是《背》文对父爱的第一次渲染。

【渲染二】他再三嘱咐茶房，甚是仔细。但他终于不放心，怕茶房不妥帖；颇踌躇了一会。……他踌躇了一会，终于决定还是自己送我去。我再三劝他不必去；他只说："不要紧，他们去不好！"

（选自课文第4自然段）

这是《背》文第二次渲染父爱。在这次渲染里，又进行了三次"分渲染"。嘱咐茶房时的"再三""甚是"是在渲染父爱；担心茶房不妥帖的"终于不放心"和"颇踌躇"是在渲染父爱；朱自清再

散文可以这样读

三劝他不必去，朱父坚定地说"他们去不好"也是在渲染父爱。可见，朱父对朱自清的爱，无须华丽的辞藻表现，而是一贯而平静地自然流淌。这是真正的父爱。

【渲染三】他给我拣定了靠车门的一张椅子……他嘱我路上小心，夜里要警醒些，不要受凉。又嘱托茶房好好照应我。

（选自课文第 5 自然段）

这是《背》文第三次渲染父爱。"拣"字透露着父亲的用心与细心，这是对父爱的一次"分渲染"；嘱咐我"路上小心""夜里要警醒"和"不要受凉"是对父爱的第二次"分渲染"；而再次嘱托茶房则是第三次"分渲染"。

【渲染四】他和我走到车上，将橘子一股脑儿放在我的皮大衣上。于是扑扑衣上的泥土，心里很轻松似的。过一会说："我走了，到那边来信！"我望着他走出去。他走了几步，回过头看见我，说："进去吧，里边没人。"

（选自课文第 6 自然段）

这是《背》文第四次渲染父爱。这里的"一股脑儿放下橘子""轻松地扑泥土"跟朱父艰难地翻过铁道去买橘子形成了强烈的对比。朱父放橘子越是利落，扑泥土越是轻松，父亲对儿子的爱便越显得深刻。而朱父嘱咐他来信和催促他进车厢，其实，都是渲染了朱父对朱自清的疼爱与关心。

而这一切跟上述"渲染一"到"渲染三"一样都是悄无声息的，都是平静自然不露痕迹的，这样的父爱是大爱。这为《背》文创造出"背影"这一不朽的形象打下了坚实的基础。

2. 拒绝而隐秘的子情渲染

而朱自清对于父亲的爱却是拒绝而隐秘的，为此，作者也进行了多次渲染：

【渲染一】其实我那年已二十岁，北京已来往过两三次，是没有什么要紧的了。他踌躇了一会，终于决定还是自己送我去。我再三劝他不必去；他只说："不要紧，他们去不好！"

（选自课文第4自然段）

这是第一次渲染朱自清拒绝父亲的爱。

朱父在明知朱自清已成年，完全有能力独自出行，根本不需要担心他的安危的情况下，仍然执意送他到火车站，就不是单纯送行那么简单了。因为它已超越了送行这一行为本身，而上升到情感层面，强烈地表达了朱父对朱自清的无限疼爱与关心。然而，朱自清似乎对于这一切毫无察觉似的，"再三劝他不必去"，其实，朱自清拒绝的不仅仅是朱父的送别，更是朱父对朱自清的深深的爱。

【渲染二】行李太多了，得向脚夫行些小费才可过去。他便又忙着和他们讲价钱。我那时真是聪明过分，总觉他说话不大漂亮，非自己插嘴不可，但他终于讲定了价钱。

（选自课文第5自然段）

这是第二次渲染朱自清拒绝父亲的爱。

表面看来，父亲和脚夫讲价钱似乎跟亲子之爱没有什么关系。但问题是父亲忙着和脚夫讲价钱又是为了谁呢？仅仅是为了省钱吗？要知道，这是朱自清在出行而不是朱父。朱父主动去做了这些本该朱自清做的事情，朱自清不但不感激，不领情，还嫌弃父亲讲话不大漂亮，非插嘴不可。朱自清嫌弃的仅仅是父亲讲话不漂亮吗？从更深层次来讲，是连朱自清都不自知地拒绝了父亲对朱自清的爱——这从"那时真是聪明过分"一句可知。

【渲染三】我心里暗笑他的迂；他们只认得钱，托他们只是白托！而且我这样大年纪的人，难道还不能料理自己么？唉，我现在想想，那时真是太聪明了！

(选自课文第5自然段)

这是第三次渲染朱自清拒绝父亲的爱。

以父亲年近半百的生活阅历，他难道不知道茶房只认钱吗？他难道不知道嘱托茶房照应朱自清，是白托吗？他难道不知道成年的朱自清是能够料理自己的吗？既然都知道，朱父还是坚持那样做，那就不能仅仅看事实本身了，而是要关注事实背后的情感，而这又必然地指向情感的审美价值层面。朱父这样做，其实表达了他对朱自清深深的爱。而这一切，当时的朱自清似乎并不怎么理解，这可从"那时真是太聪明了"这句话得到验证。事实上，从朱自清暗笑他的迂可知，朱自清不但不理解，还强烈地拒绝着父亲对他的爱。

【渲染四】他用两手攀着上面，两脚再向上缩；他肥胖的身子向左微倾，显出努力的样子，这时我看见他的背影，我的泪很快地流下来了。我赶紧拭干了泪。怕他看见，也怕别人看见。

(选自课文第6自然段)

这里渲染了朱自清对父亲的爱的一次重大转折。

如果说前三次渲染主要是渲染了朱自清对父爱的拒绝，那么

"渲染四"，则是渲染了朱自清对父爱的理解和内心的激动之情。1917年冬，朱父在南京浦口车站送别朱自清时，朱自清已结婚成年，他不可能读不懂朱父"手攀脚缩"的艰难意味着什么？不可能不明白朱父"左倾胖身"的努力意味着什么？很显然，他读懂了朱父对自己的爱，而感动得流下泪来。然而，朱自清激烈的内在情感的变化，并没有毫无顾忌地流露在外，而是与外在表现的隐秘节制形成了强烈的反差，具有强大的审美张力。

朱自清赶紧拭干了泪，害怕朱父看见。这可能是因为他不想父亲为他担心。朱父毕竟年老体胖，为他四处奔波，买橘子时又爬上爬下，十分辛苦。当朱自清看见父亲的背影时，他被父亲的行为所感动，因此落下眼泪。他怕父亲看到他的泪水后会更担心他。而另一方面，又怕别人看见他流泪，也许是朱自清不希望别人看到他的软弱和感性的一面。毕竟男性通常被期望表现得坚强和刚毅，而流泪被视为软弱的表现。

但是不管出于什么样的原因，此时的朱自清内在情感发生了激烈的变化，而这种变化是朱父不曾觉察的。

【渲染五】等他的背影混入来来往往的人里，再找不着了，我便进来坐下，我的眼泪又来了。

（选自课文第6自然段）

这是朱自清对父亲的爱的再次渲染。朱自清没有当着父亲的面流泪，而是等父亲的背影混入了来来往往的人群里，再也找不着了，他才悄悄地一个人流泪，这仍然是一种对父亲的爱的隐秘性表达。

3. 错位对比中的不朽背影

通常情况下，独特的情感表达以及情感变化是散文审美价值的核心诉求。从这个意义上讲，父亲对于朱自清的一贯而平静的爱使《背》文具有了指向情感的审美价值；而朱自清对父亲的爱先是拒绝，后是被父爱感动得流泪，却又隐秘地表达，使《背》文指向情感的审美价值进一步增大。而更为难能可贵的是，《背》文中父亲对于朱自清的情感的变化竟然毫无察觉。这实在是朱自清的神来之笔。这样势必使朱氏父子之间的情感形成错位与对比，而这种错位越大，对比越强烈，便越是会触动读者的情感，并引起读者强烈的反思，《背》文的指向情感的审美价值就会进一步延伸、强化、扩大。这是《背》文中的"背影"形象不朽的一个十分重要的原因。

这是从文本言语思维的角度讲的，如果换一个角度，从社会心理、文化伦理的角度来讲，这种亲子之爱的错位与对比，还有更深的意义与价值。因为这样的错位，必然会使得爱与被爱间产生隔膜。而爱的隔膜，正是《背》文之所以不朽的原因。[①] 这是因为"亲子之爱的这种错位，不仅是时代的，而且是超越历史的，表现了一代又一代重复着的普遍的人性"[②]。

三、意象言语思维下的不朽"背影"

"意象"是一个跨学科概念，它涉及多个学科领域，包括文学、心理学、艺术、哲学等。在文学领域，意象主要被用于描述诗歌、散文等文学作品中那种渗透着作者情感、思想、主题等深层含义的具体形象。这些形象通过作者的描绘和刻画，能够引发读者的联想和想象，帮助读者更深入地理解和感受作品所表达的情感和思想。曾有学者指出，由于文学是在言、象、意的三重世界中通过"象"的中介沟通"言"与"意"之两极，从而使形而下的生动性与形而上的深邃性天衣无缝地融为一体，并通过以作家的个体命运纳入人类共同命

---

① 孙绍振.《背影》的美学问题 [J].语文建设，2010（6）：43.
② 孙绍振.《背影》的美学问题 [J].语文建设，2010（6）：44.

运之中的两相同构而赋予文学作品生生不息的形而上意义与永恒价值。所以，意象具有极高的审美价值，被文学批评广泛使用。

在文学创作实践中，意象也具有极高的操作价值，深受广大作家的欢迎。人们广泛运用意象进行创作，这便产生了"意象言语思维"。所谓"意象言语思维"通常被定义为一种在言语表达中通过描述具体形象或意象来传达深层含义、情感和思想的思维方式。这种思维方式常常运用于散文创作，作者通过描绘自然环境、人物、物品、事件等具体形象，将其与自己的情感、思想相结合，使读者能够通过这些形象产生联想和想象，从而更好地理解和感受作者所要表达的思想和情感。意象言语思维不仅关注描述对象的准确性，更注重表现主观感受和情感，追求言语表达的形象化和表现力，以感染读者并引发共鸣。

《背》文中的"背影"形象之所以历经百年而不朽，跟作者巧妙地运用意象言语思维进行创作是分不开的。

（一）在直觉造型中不朽

近百年来，鲜有散文如《背》文一样，如此持久深入地触动着一代又一代中国人的心灵。为此，无数的研究者运用各种不同的理论，从不同的角度，对《背》文进行解读，试图解开其背后的秘密。

然而，令人困惑的是，"无论从哪一个角度看，朱自清在此文中所灌注的情感强度在许多同类散文中并非最高。我们读到过许多将真情实感与血泪拌和来纪念双亲的赤诚文章，但感染力却不及《背影》"[①]。这究竟是为什么呢？余秋雨认为，人们之所以"远未道出此文成功的秘密"，是因为人们没有关注到"在情感和文字之间，还有一个中介结构，那就是情感的直觉造型"[②]。

[①②] 余秋雨. 记住这肥胖、吃力的背影//孙绍振. 义务教育教科书语文教师教学用书（七年级上册）[M]. 北京：北京师范大学出版社，2016：125.

散文可以这样读

余秋雨所说的"直觉造型",是余秋雨文学批评理论中的一个重要概念,它可以理解为英国美学家克莱夫·贝尔所言的"有意味的形式"。就《背》文而言,它是对"背影"这一艺术形象或意象的直观感知和创造力的表现,是作家艺术直觉和想象力的体现,它指向情感的审美价值。很显然,朱自清先生正是运用了这一"直觉造型"意象言语思维进行写作,才创造出不朽的"背影"形象。

请看,《背》文中的"直觉造型":

> 我看见他戴着黑布小帽,穿着黑布大马褂,深青布棉袍,蹒跚地走到铁道边,慢慢探身下去,尚不大难。可是他穿过铁道,要爬上那边月台,就不容易了。他用两手攀着上面,两脚再向上缩;他肥胖的身子向左微倾,显出努力的样子,这时我看见他的背影,我的泪很快地流下来了。

(选自课文第 6 自然段)

在上述"直觉造型"的塑造中,朱自清先生对朱父的"背影"这一意象进行了多次渲染:

【渲染一】他戴着黑布小帽,穿着黑布大马褂,深青布棉袍。

这里渲染的是一种"灰色直觉造型"。

朱自清明知道祖母去世、差使交卸、家境悲惨都是朱父一手造成的,仍然刻画了父亲戴着黑布小帽,穿着黑布大马褂、深青布棉袍的外貌。这里渗透了朱自清复杂而深厚的情感。

一是思念之情。这些细节描绘都是朱自清对父亲形象的一种记忆和情感寄托,表达了他对父亲深深的思念之情。二是宽容之情。这些细节描绘说明朱自清并没有完全否定父亲,而是以一种理解和同情的

不朽的"背影"

心态去看待他。这种理解和同情体现了他对父亲的宽容和体谅，也反映了他对家庭现状的接受和无奈。三是哀叹之情。这些细节描绘还表达了作者对过去的怀念和对时光的感慨。黑布小帽、黑布大马褂和深青布棉袍，这些旧时代的象征，让朱自清想起了过去的时光和父亲曾经的付出。这些细节描绘也透露出朱自清对时光流转、物是人非的感慨，对父亲老去的哀叹和对生命的敬畏。

【渲染二】蹒跚地走到铁道边，慢慢探身下去。

这里渲染的是一种"蹒跚的直觉造型"。它渗透了作者复杂的情感，主要包括以下几个方面：

一是担忧和牵挂之情。朱父在为朱自清买橘子时，蹒跚地走到铁道边，这给朱自清留下了深刻的印象。朱自清用"蹒跚"这个词来形容父亲走路的姿态，暗示了父亲已经上了年纪，不再年轻力壮。看着父亲艰难的背影，朱自清的心中充满了担忧和牵挂，因为父亲在为他付出，而他却不能为父亲做什么。二是感激和敬爱之情。尽管朱父在为儿子付出，但他的行动并不张扬，而是选择了一条艰难的道路。这反映了朱父对朱自清深沉的爱，也表达了朱自清对父亲的感激和敬爱之情。朱父的行为虽然简单，却充满了爱和温暖。三是内疚和自责之情。朱自清看到了父亲的辛苦和付出，却不能分担父亲的负担，反而还需要父亲的照顾。这种内心的矛盾和挣扎，让朱自清感到自责和懊悔。四是哀伤和无奈之情。朱父在买橘子时所表现出的艰难和辛苦，也让朱自清感到哀伤和无奈。他知道父亲已经不再年轻，但他却不能为父亲做什么，只能看着父亲为他付出。这种无奈的感觉让作者更加深刻地体会到了生命的脆弱和无常。

【渲染三】他用两手攀着上面，两脚再向上缩；他肥胖的身

散文可以这样读

子向左微倾，显出努力的样子。

这里渲染的是一种"肥胖吃力的直觉造型"，同样表达了作者复杂的内在情感：

一是愧疚之情。这段描述刻画了朱父艰难攀爬月台为儿子买橘子的情景，体现了朱父对儿子的深厚情感和无私奉献。朱父尽管身体肥胖，行动有所不便，但他仍然努力地去为儿子做些什么，这体现了朱父对儿子的关爱和付出。而这种付出和努力也让朱自清深感愧疚，因为他意识到自己过往对父亲的疏忽和冷淡，没有给予父亲足够的关心和理解。二是感激之情。虽然之前的日子里，父子之间存在着隔阂和不理解，但朱父为朱自清买橘子的这一举动，让朱自清感受到了父亲的无私和深沉的爱。这种爱让作者感到无比的感动和感激，也让他重新审视自己与父亲的关系。三是依恋之情。虽然与父亲之间曾存在矛盾和误解，但作者仍然无法割舍对父亲的依恋。他怀念与父亲一起的时光，感激他的教诲和关爱，同时也渴望能够再次回到父亲的身边，享受他的呵护和温暖。

总之，朱自清先生在朱父"背影"这一意象的塑造中，进行了"灰色直觉造型""蹒跚的直觉造型"和"肥胖吃力的直觉造型"的多重渲染，表达了作者对朱父愧疚、理解、感激、哀伤、依恋等复杂的情感。如此复杂而深刻的情感，使得《背》文及其中的"背影"形象充满了审美张力。所以，这才会出现，"读过这篇散文的读者，往往会不记得文章中的直接抒情言词，也分析不出据说其中包含的许多'跌宕'笔致，但总会牢牢记住这个蹒跚、肥胖、吃力的背影"[①]这一百年不朽的审美形象的现象。

---

① 余秋雨．记住这肥胖、吃力的背影//孙绍振．义务教育教科书语文教师教学用书（七年级上册）[M]．北京：北京师范大学出版社，2016：125.

(二) 在朦胧遮蔽中不朽

"朦胧美"作为一种审美原则，指的是在审美过程中，对于美的感知和体验呈现出一种模糊、不完全、若隐若现的状态。这种美并不直接展现在外表或明确的形式上，而是通过一种隐约、暗示、朦胧的方式表现出来，让人们在感知和理解的过程中产生一定的想象和揣摩。朦胧美可以表现在许多艺术形式中，例如绘画、诗歌、音乐、电影等，创作者常常运用模糊的形态、隐喻的意象、抽象的形式等手法来表现朦胧美的意境。但是很少有人把它运用到散文创作中。朱自清先生故意"不写父亲的肖像、四肢、全身，尤其不写在送行过程中父亲脸部关切儿子的种种表情"，而是在一种"故意的遮蔽、隐藏和朦胧"中创造了不朽的"背影"形象，取得了巨大的成功。[①] 这里运用的是一种"朦胧遮蔽"意象言语思维。

1. 在形象模糊的朦胧美中不朽

《背》文中，朱自清通过对朱父"背影"的模糊处理，使得这个意象更加含蓄而具有不确定性，引发了读者对于作品所表达的情感和主题的深入思考。这种形象模糊化的表现方式，可以从以下几个方面来理解：

一是"背影"形象在外在形态上具有模糊性。朱自清没有刻画父亲的面容和表情，而是重点突出了他的背部和走路的姿态，这种描写方式使得读者无法直接看到父亲的表情和眼神，只能通过想象去感受父亲的内心世界。这使得"背影"形象具有一定的模糊性。

二是"背影"的形象是在不断变化的，这种变化使得形象更加模糊。在作品中，朱自清描写了父亲穿过铁路、爬上月台、买橘子等

---

① 林道立，张王飞，吴周文.《背影》的美学价值及其文学史意义 [J]. 天津师范大学学报（社会科学版），2011（1）：48.

一系列动作，这些动作是连续的，"背影"的形象随之在不断地变化着。这种变化使得"背影"的形象更加生动、真实，同时也更加具有不确定性，让读者在阅读过程中不断产生新的想象和感受。

三是"背影"的形象也具有一定的抽象性。虽然朱自清没有刻画出父亲的具体形象，但是读者可以通过"背影"这个形象感受到一种深刻的情感。这种抽象性使得"背影"的形象更加含蓄而富有艺术性，让读者在品味作品的同时感受到一种超越具体形象的美感。

2. 在情感含蓄的朦胧美中不朽

朱自清通过"背影"这个意象，刻画了父亲对儿子的深沉爱意和关心，同时也表现了儿子对父亲的感激和怀念。

首先，朱自清在文中四次提到"背影"，但是并没有平均着墨，而是有轻重之分，情感也随之起伏。第一次是在开头，以"背影"点题，这时候的情感是浅淡的，只是对父亲的一种印象和感觉。第二次是在父亲为"我"买橘子时，作者着墨较多，具体细致地描写了父亲爬上月台、穿过铁路的情景，这时候的情感是激动的，因为父亲的爱已经深深地打动了儿子。第三次是在父亲离开车站时，作者只用了一句话轻轻带过，"他的背影混入来来往往的人里"，这时候的情感是伤感的，因为父子即将分离，心情难以言表。最后一次是在结尾处，作者引用了父亲来信中的文字，道出了父亲晚年凄凉、无奈和颓唐的心境，这时候的情感是伤感的，因为父亲已经老去，而自己无法在他身边照顾。

其次，朱自清在文中通过一些细节和情境的描写，将情感含蓄地表达出来。例如，在描写父亲为"我"买橘子时，作者用了"攀""缩""微倾"等词语来描写父亲的动作，这些词语形象生动，让读者感受到了父亲的努力和关心。此外，在描写父亲离开车站时，作者写道："他的背影混入来来往往的人里。"这句话虽然只有几个字，但是将父子不忍分离的悲酸怅惘活化了。这些细节和情境的描写，让情感更加含蓄而深沉。

3. 在意义深远的朦胧美中不朽

"背影"这个意象还具有意义深远的朦胧美。这个意象的意义超越了具体的描写对象，进一步引发了读者对于生命、死亡、离别等人生问题的思考，使得作品更加具有哲理性和思想性。

一是，"背影"这个意象蕴含着生与死、离别与重逢的永恒主题。在作品中，朱自清描写了祖母的去世、父亲的亏空等现实，这些情节都暗示着生与死、离别与重逢等主题。而"背影"这个意象也相应地表达了这些主题，传递着父子之间面对离别时的无奈和悲伤，以及生命的脆弱和短暂。这种对生与死、离别与重逢的永恒主题的探讨，让作品更加具有思想性和哲理性。

二是，"背影"这个意象也蕴含着朱自清内心深处的成长和转变。在作品中，朱自清描写了自己对于父亲的感情变化，从一开始的不理解到后来的感激和怀念，这种感情的变化反映了朱自清内心深处的成长和转变。而"背影"这个意象也相应地表达了这种成长和转变，传递着父子之间的情感交流和传承，以及生命的不息和延续。这种对成长和转变的探讨，让作品更加具有故事性和情感性。

三是，"背影"这个意象具有一种超越语言和文化的魅力。它所引发的审美体验往往超越了语言和文化的界限，让人们感受到一种独特的、近乎神秘的魅力。这种魅力让读者产生更强烈的探索欲望，去思考这个意象背后的深层含义和美学价值。

总之，"背影"这个意象具有朦胧美，具体表现在形象模糊、情感含蓄、意义深远和难以言传等方面。这些特点让作品具有独特的艺术效果和审美价值，让读者在欣赏的过程中产生更多的想象和感受。

四、复调思维下的不朽"背影"

"复调"原本是个音乐学概念,苏联文艺理论家巴赫金在研究俄国作家陀思妥耶夫斯基的小说时,把它引用到文学批评中,创立了复调式诗学理论。现当代的许多作家又把巴赫金的这一理论延伸到文学创作中,形成了一种新的言语思维模型,我们姑且称之为"复调式言语思维"(简称"复调思维")。这一思维模型突出关注文本中不同声音的多样性,这些声音并非由单一主导声音所控制,而是具有各自的独立性。在散文创作中,不同的人物、情节或对话等元素具有各自独特的思想和语言特点,它们相互对话、辩驳、补充,形成了丰富的声音结构。这种言语思维模式在散文创作中的应用,有助于拓展和深化作品的思想情感的表达,增强其艺术感染力。

由于复调式言语思维中有两种声音,且这两种声音相互对话、辩驳、补充,所以,从本质上讲,复调式言语思维是一种错位,一种比照,一种对比。需要注意的是,散文创作中的"错位""比照""对比"本身只是手段、方法,其所引起的思辨与反思才是目的。而这样的思辨与反思通常又指向情感的审美价值,所以,运用复调式言语思维模型进行创作,常常能营造出十分丰盈而富有张力的审美空间,具有极强的审美价值。《背》文便是运用了这一思维模型与写作策略,才使"背影"形象充满了审美张力,而百年不朽。

在《背》文中,作者主要运用的是基于时空距离的复调式言语思维和基于"审父"意识的复调式言语思维。关于前者,积存文献的论述已很充分,就不再赘言。这里,主要探讨的是后者。

(一)不朽背影:在身为人子的审父式复调思维中

五四新文学有两个基本特征。一是它的"主题与题材主要表现在自我表现、个性解放、探索人生命运、关心民生苦难和改造社会等方面。这些问题集中指向了对'家'的质疑与批判"①。五四时期,"家"的权力主要集中的父亲身上,对"家"的质疑与批判实际上就是对"父权"的质疑与批判。二是以反传统为己任,对父权文化发起猛烈的攻击,使得五四新文学的创作实践呈现出浓浓的"仇父"情绪。而对"家"的质疑、批判和对"仇父"情绪的反思,本质上就是一种"人们对社会传统和文化因袭中表现出来的父性品格作出强烈的审察和反思"②的"审父"意识。

然而,朱自清的"审父"意识跟五四时期的其他作家是不太一样的。他不是情绪化地一边倒地批判与否定,而是极为理性的。他"在激烈的、矫枉过正的批判中,最早地以不'过正'的姿态,提出了必须继承几千年来合乎人性和伦理道德优良传统的问题"③。所以,他才会创造了历经百年而不朽的"背影"形象。

下面,我们就来看看作者作为儿子是如何来审察和反思自己的父亲的。

1. 悲凉中审父

《背》文一开端便处处透露着悲凉。请看"渲染一":

> 【渲染一】那年冬天,祖母死了,父亲的差使也交卸了,正是祸不单行的日子。我从北京到徐州,打算跟着父亲奔丧回家。到徐州见着父亲,看见满院狼藉的东西,又想起祖母,不禁簌簌地流下眼泪。
>
> (选自课文第2自然段)

---

①③ 林道立,张王飞,吴周文.《背影》的美学价值及其文学史意义[J].天津师范大学学报(社会科学版),2011(1):50.
② 冯玉强.朱自清《背影》审美因素解读[J].贵州教育学院学报(社会科学版),1999(2):36.

"渲染一"中，朱自清分别从天气的寒冷、祖母去世、父亲差使交卸和满院狼藉一副家道中落的样子，四次渲染了朱家境况的悲凉。

再看"渲染二"：

【渲染二】回家变卖典质，父亲还了亏空；又借钱办了丧事。这些日子，家中光景很是惨淡，一半为了丧事，一半为了父亲赋闲。

（选自课文第 3 自然段）

"渲染二"中，朱自清分别从变卖典质还亏空、借钱办丧和父亲赋闲等角度三次渲染了朱家光景惨淡。

如果不了解当时的写作背景，仅读《背》文的上述文字，人们大多会对朱父产生无限的同情。如果是这样的话，《背》文中的"背影"也就是一个平常的背影，《背》文也就是一篇平常的散文。

然而，朱家如此悲凉、惨淡，竟然是朱父的荒唐行径造成的。按说，朱自清应该十分怨恨朱父才对，但朱自清在《背》文中却一个字都没提。这种理解与体谅，是外人无法感同身受的，只有朱父自己能真正读懂。难怪朱父在拿到朱自清写的《背》文时，会"一字一句诵读"，难怪"他的手不住地颤抖，昏黄的眼珠，好像猛然放射出光彩"。

由此可见，1917 年的朱父在朱自清眼里已经不是洪水猛兽，已经不是封建"父权"的代表，他更多的是一个纯粹的父亲。这样的"审父"意识，是需要大胸怀、大气魄的。这在五四那个特殊的新文化背景下，是难能可贵的。

2. 嫌弃中审父

至于，朱自清对父亲的嫌弃，更是随处可见。如：

【渲染一】其实我那年已二十岁，北京已来往过两三次，是没有什么要紧的了。他踌躇了一会，终于决定还是自己送我去。我再三劝他不必去；他只说："不要紧，他们去不好！"

（选自课文第4自然段）

"渲染一"中，朱自清从自己"已二十岁"完全有自理能力和"北京已来往过两三次"路熟，这两个角度渲染了朱自清对父亲"多余"举动的嫌弃。

【渲染二】总觉他说话不大漂亮，非自己插嘴不可，但他终于讲定了价钱。

（选自课文第5自然段）

"渲染二"则从非插嘴不可的角度渲染了朱自清对父亲"说话不大漂亮"的嫌弃，而且这样的嫌弃竟然持续了很长时间，这可从"终于"中体察到。

【渲染三】我心里暗笑他的迂；他们只认得钱，托他们只是白托！而且我这样大年纪的人，难道还不能料理自己么？

（选自课文第5自然段）

"渲染三"中，从茶房认钱不认人和自己成年无须照顾这两个角度渲染朱自清嫌弃父亲迂腐。

注意，这三次渲染都是嫌弃父亲，而不是怨恨父亲，这是一个很大的改变，这完全是一种正常的，在世世代代的父子关系中都会存在的"代沟"式的嫌弃，跟"父权"没有任何关系。可见，此时朱自清的"审父"意识已经跨入了常态化的"审父"。

3. 感动中审父

至于,"感动中审父"主要是指父亲的背影让朱自清感动得数次流泪。通常情况下,感动只是一种情感的外在流露,但是,《背》文中的朱自清对父亲"背影"的感动并不简单,它显然包含着朱自清对父亲以及对"父权"的一种深刻的审察和反思。对此,前文已有较为详细的论述,这里就不再重复。需要注意的是,"感动中审父"又比"嫌弃中审父"向前迈进了一大步。如果说"嫌弃中审父"还让人感觉朱自清与朱父是有隔阂、有代沟的两代人,而"感动中审父"显然已经消除了隔阂,朱氏父子之间多了许多理解,他们的心相互贴得更近了。

从纵向角度来看,从"悲凉中审父"到"嫌弃中审父"再到"感动中审父",形成了一个情感发展的链条。这种情感的变化,一方面必然地诉之于情感的审美价值,使文章的美学意义不断丰满、充盈。另一方面,在这个链条中,朱自清的"审父"意识一直是在不停地变化着、流动着,它跟五四时期普遍的"审父"意识迥然不同。这便不难理解,为何《背》文中的"背影"形象会历经百年而不朽了。

(二) 不朽背影:在已为人父的审父式复调思维下

导致朱自清"审父"意识发生转变的另一个重要因素是其已为人父。1925 年,朱自清已在清华大学任教,而且已是多个孩子的父亲。家庭生活的艰难,抚养孩子的不易,使朱自清对父亲为自己所做的点点滴滴,有了更深的体会和感悟。

1. 反思中审父

仔细研读《背》文,我们发现,《背》文的每一处几乎都有已为人父的朱自清的影子，都有他对父亲以及对"父权"的审察与反思。其中，最为突出的是下面两处渲染。

先看"渲染一"：

【渲染一】我那时真是聪明过分，总觉他说话不大漂亮，非自己插嘴不可，但他终于讲定了价钱；就送我上车。

（选自课文第5自然段）

1917年，朱父在南京浦口为朱自清送行时，父亲跟脚夫讲价钱，以当时朱自清的视角来看，父亲可能确实说得不是太漂亮，认为自己不插嘴就解决不了问题。但是，八年后，当朱自清已为人父，再回忆起那段往事时，才真正意识到父亲有父亲的说话方式，自己说也不见得好到哪里去。这里的"聪明过分"分明饱含着朱自清对当年不当想法的反思与悔恨。

【渲染二】我心里暗笑他的迂；他们只认得钱，托他们只是白托！而且我这样大年纪的人，难道还不能料理自己么？唉，我现在想想，那时真是太聪明了！

（选自课文第5自然段）

1925年，朱自清已经是多个孩子的父亲，他有没有像当年的父亲一样"迂"过呢？有没有做过类似"托"只认得钱的茶房照顾孩子的事情呢？有没有遇到过大一点的孩子觉得自己长大了，甚至有点叛逆了，拒绝自己照料的情况呢？当这些平常的事情真实地发生在自己身上时，朱自清真切地体会到，当年真正"迂"的不是父亲，而是自己。因为父亲的所谓"迂"言"迂"行，饱含着满满的爱啊。但是，当时的朱自清是无法理解的。现在回想起来，他能不自嘲地觉得自己"太聪明了"吗？

像这样的省察与反思，《背》文中还有很多，这些都说明，朱自清的"审父"意识在发生着巨大的变化。

2. 慨叹中审父

而真正使朱自清的"审父"意识发生本质变化的，是父亲的一封来信：

> 我北来后，他写了一信给我，信中说道："我身体平安，唯膀子疼痛厉害，举箸提笔，诸多不便，大约大去之期不远矣。"我读到此处，在晶莹的泪光中，又看见那肥胖的、青布棉袍黑布马褂的背影。唉！我不知何时再能与他相见！
>
> （选自课文第 7 自然段）

朱父于 1917 年送别朱自清后的八年里，朱氏父子的关系非但没有好转，反而进一步恶化了。随着朱父不经朱自清的允许就领取了他的工资、不允许朱自清一家进门等一系列事件的发生，朱氏父子的关系彻底破裂，以至于朱自清两年多的时间都没有回去。可见，在现实生活中，朱自清的父亲是十分强势的，充满着旧社会的"父权"意味。

就在这样的情况下，朱自清收到了父亲的一封颇有意味的来信。

"膀子疼痛厉害，举箸提笔"，的确会有诸多不便，但生命无虞。这一点不但朱父知道，朱自清本人也知道。那朱父为什么还要这样说呢？很显然，是朱父在示弱，在请求朱自清的原谅，请求与朱自清和解。

正是这封信让朱自清彻底破防了。

我们不妨这样设想：如果向前推几年，朱自清还没有做父亲，他会如此破防吗？很显然是不会的。但是，当朱自清以一个父亲的角色来审视朱父时，就不一样了。很显然，他对朱父先前的所作所为，有了新的理解和感悟。所以，他这才发出"何时再能与他相见"的慨叹。这个慨叹不单是对朱父示弱的一个回应，也是他"审父"意识的一个质的飞跃。

如果把"身为人子的审父意识"与"已为人父的审父意识"叠加在一起思考，"《背影》的叙事结构，也就变成了两个'父亲'之间的潜在对话"①，就成了一种复调式的叙事。而这样的叙事策略，必然会使读者从两个不同角度审视两个"审父"意识之间是如何互相对话、辩驳、补充的，从而，使《背》文形成了丰富、深厚的诗学内涵，使得"背影"形象更加丰满，而百年不朽。

综上所述，《背》文是一篇意蕴深厚的，"应该把眼光放远，远到齐家、治国、平天下，然后才能真正体会到这篇名文所蕴涵的真精神"②的经典名篇，要想窥见"背影"形象中那丰富的美学意义，及其百年不朽的真正原因，从胚胎思维、错位思维、意象思维和复调思维等言语思维的角度进行解读，或许能为我们打开一扇窗。

---

① 梁建先，宋剑华. 论朱自清对新文学"父亲"批判的自我反思[J]. 中国现代文学研究丛刊，2017（9）：191.
② 季羡林. 季羡林说朱自清散文《背影》[J]. 名作欣赏，2003（3）：2.

> 散文可以这样读

"形体思绪"的孕育、流动与纷飞
——刘成章《安塞腰鼓》的言语思维解读

刘成章的《安塞腰鼓》（下称"《安》文"）是一篇陕北风情散文，最早发表于1986年10月3日的《人民日报·大地副刊》。对于这篇文章的主题，主要有这样几种解读[①]：

1. 歌颂生命中奔腾的力量；
2. 歌颂阳刚之美；
3. 表达要冲破束缚、阻碍的强烈渴望；
4. 人就应该这样痛快淋漓地生活、表现。

客观地讲，上述解读都有一定的道理，有其特殊的意义与价值。但是，无论是"奔腾的力量""阳刚之美""冲破束缚、阻碍的强烈渴望"，还是"痛快淋漓地生活、表现"，终究是一种脱离具体语境的纯文本的解读，是一种对于安塞腰鼓表演本身的"真实意义"的解读。

作为一篇散文，当然要关注语篇的"真实意义"，这是由其文体

---

① 人民教育出版社课程教材研究所中学语文课程教材研究开发中心. 义务教育教科书教师教学用书语文八年级下册 [M]. 北京：人民教育出版社，2017：33.

特性所决定的,不过,不能止步于此。我们知道,任何语篇都不是"自言自语",而是"他言他语",即在特定年代特定地域里,与假想的特定读者所进行的一种基于某种意图的"对话",散文也不例外。所以,那种完全不顾语篇诞生年代,完全不问作者是谁,也不问作者的写作意图,只是把《安》文当作一篇裸文来读,且只关注文本的"真实意义"的解读,似乎有些过于偏激。

事实上,刘成章是一位很"大器"的作家。他所写的陕北风情散文,有着一种难得的大气象、大境界,像是苍苍茫茫的黄土高原,像是旋风、骤雨般的安塞腰鼓。① 这种"大器",首先体现在他的作品具有一种民族化和地方特色的"土"上。这不是一般的"土",而是一种"有诗意的土,有灵性的土"。② 早在20世纪80年代初,刘成章自己就说过,"我出生在陕北的山沟里,小时候经常演秧歌,本身就是土的,发展散文又有这个需要,于是我就追求土了。我追求有诗意的土,有灵光的土,开着花长着草的土"③。

这种"大器"体现在他写的散文"是从他原先的诗、词、戏的精神沃野上茂腾腾地'再生'起来的——不是外在表象的'照搬',而是内在神髓的'化用'。它给他所写的'散文'带来了一股生机和新意"④。

这种"大器"还体现在"强烈的时代感"⑤ 上。安塞腰鼓"不

---

① ② 刘锡庆. 我读刘成章//人民教育出版社课程教材研究所中学语文课程教材研究开发中心. 义务教育教科书教师教学用书语文八年级下册[M]. 北京:人民教育出版社,2017:39.

③ 梁向阳.《挚恋土地的美文:浅论刘成章陕北风情散文》[J],当代文坛,2001(3):47.

④ 刘锡庆. 我读刘成章//人民教育出版社课程教材研究所中学语文课程教材研究开发中心. 义务教育教科书教师教学用书语文八年级下册[M]. 北京:人民教育出版社,2017:40.

⑤ 梁向阳. 挚恋土地的美文:浅论刘成章陕北风情散文[J]. 当代文坛,2001(3):46.

仅仅是陕北这块古老的黄土地的地域文化信息,更重要的是它已经成为中华民族坚毅不屈、意气风发、蓬勃向上、积极进取的精神象征"①。换句话讲,作者选择"安塞腰鼓"这个意象来写作《安》文,不是想把它写成一篇传统的抒情散文,他是有自己"大器"的写作意图和"大器"的审美追求的,他是想用"安塞腰鼓"那"宏大的场面、奔放的动作、铿锵的节奏、激昂的鼓点来表现诗的内容"②。很显然,这里的"中华民族的精神象征"和"诗的内容"是一种有着更高的思想、艺术追求的"隐喻义",而不仅仅是事件本身的"真实意义",至少不会像传统散文那样追求表达作者特殊的情感。

这也就在很大程度上决定了作者不太可能把《安》文写成一篇传统散文。

刘成章说,"我虽然多次看过安塞腰鼓的表演,但却绝不是写其中任何一次。作为文学作品,完全可以用虚构使素材得到升华。《安塞腰鼓》中后生们身后的高粱,长着酸枣树的山崖,唿溜溜的南风,以及前边说到的渺远的鸡啼等等,都是凭借我胸中丰厚的陕北资源信手布置出来的。"③ 作者之所以并没有像传统散文那样在"写实"中抒情,而是特意"虚构"了一场安塞腰鼓的表演,并且"信手布置"了并不存在的背景,其关键就在于"使素材得到升华"这句话。因为作者想表达的不仅仅是安塞腰鼓表演本身的"真实意义",其实,更多是指向其背后的"隐喻义",即他特意"使素材得到升华"的某种"形体思绪"。因此,读《安》文,最好在传统解读的基础上,再向前走一步,要读出其"土"中的诗意,读出其"生机和新意",读出其背后的"隐喻义"。或许这样,才能把这位"大器"的作家所写

---

①② 厚夫.高原生命的火烈颂歌,民族魂魄的诗性礼赞:刘成章散文《安塞腰鼓》赏析[J].名作赏析,2001(5):93.

③ 刘成章.关于《安塞腰鼓》[J].语文学习,2006(5):3.

的"大器"的陕北风情散文的内在意蕴真正解读出来。

一、形体思绪：在胚胎言语思维中孕育

《安》文"没有粘滞在对一场民间舞蹈表演技巧、服装、程式的外在形态上，而是突出地写了陕北后生（表演者）、安塞腰鼓（表演内容）、黄土高原（场面背景）三者之间的和谐关系和表演中的热烈情景"[①]。正因为作者有意突出了这种"和谐关系"和"热烈情景"，才使得陕北安塞的后生们的"形体成了沉重而纷飞的思绪"。这种"纷飞的形体思绪"，作者不仅在《安》文的主体部分对其进行了全面展开和充分渲染，其实，在这之前，作者早已悄然运用胚胎言语思维在《安》文的胚胎部分对其进行了充分的孕育。

请看《安》文的胚胎：

一群茂腾腾的后生。

他们的身后是一片高粱地。他们朴实得就像那片高粱。

（课文第1、2自然段）

（一）孕育在"茂腾腾的后生"中

《安》文"开头'一群茂腾腾的后生'一句自成一段，兀立于天地之间，实令人为之感喟"[②]。这句话之所以使人产生如此强烈的视觉冲击，跟这段话中的一个关键词——后生，有着莫大的关系。

"后生"是陕北方言中对年轻男子的称呼。它源自古汉语，在古

---

① 段崇轩. 感受民间舞蹈：读刘成章《安塞腰鼓》[J]. 中学语文教学参考（教师版），2006（12）：25.

② 厚夫. 高原生命的火烈颂歌，民族魂魄的诗性礼赞：刘成章散文《安塞腰鼓》赏析[J]. 名作赏析，2001（5）：94.

汉语中，"后"有"子孙、后代"之意，"生"有"生长、生活"之意，"后生"原本指子孙后代。随着语言的发展，"后生"一词在陕北方言中逐渐演变成对年轻男子的称呼。"后生"在陕北方言中的使用，反映了该地区对年轻人的态度和期待。它蕴含着尊重、期望和鼓励的情感。称呼年轻人为"后生"，是对他们年轻有活力、富有朝气的一种肯定和赞美。同时，这种称呼也传递着老一辈人对年轻人的期望和嘱托，希望他们能够积极进取、勇往直前，为社会和家庭承担起更多的责任。所以，"此词一出，则乡土感、亲昵感顿出，拉近了作者与表演者、与读者的距离。"①

这句话中的"茂腾腾"也是陕北方言，用于形容充满活力和生机的状态。从字面上看，"茂"意为茂盛、繁荣，"腾腾"则增强了这种茂盛、繁荣的感觉，使整个词语充满力量和生命感。《安》文中的"茂腾腾"一词不仅描绘了打腰鼓的"后生们"的年轻、健壮和活力四射的形象，更传递出一种对生命的热烈赞颂和对黄土高原地区人民性格、民族风格的赞美。通过这个词，读者能够感受到安塞腰鼓所蕴含的那种强烈的生命力和激情，以及表演者们全身心投入的状态。此外，"茂腾腾"在文章中的使用也体现了作者刘成章对陕北方言的深厚情感和娴熟运用。他借助这个方言词语，为文章注入了浓郁的地域特色和民俗风情，使读者能够更加深入地理解和感受作品所描绘的场景和情感。

从文学创作的角度看，"茂腾腾"的运用也体现了作者对语言的精心锤炼和对艺术表现的追求。通过这个词，作者成功地将陕北"后生们"的形象与安塞腰鼓的磅礴气势相结合，展现出一幅生动而震撼的画面，使读者在欣赏文章的同时，也能够感受到作者所传递的那种对生命的热爱。

---

① 孙晓娟. 鼓声隆隆，心声雄雄：《安塞腰鼓》赏析[J]. 美文（下半月），2022（1）：11.

(二) 孕育在"一片高粱地"里

《安》文胚胎中还有一个关键词——高粱地,非常重要。

文学作品中,特定的自然元素或场景往往承载着超越其字面意义的深层象征或隐喻。《安》文中,"高粱地"作为一个显著的文学意象,不仅丰富了文本的视觉形象,还增强了作品的情感深度和艺术感染力。通过"高粱地"的描绘,作者成功呈现了生动而真实的陕北高原背景,这一背景与安塞腰鼓的激昂节奏和表演者的粗犷风格相互映衬,共同构建了作品独特的文学氛围。

"高粱地"作为一个文化符号,深深扎根于中国北方的农耕文化中。它不仅是农业生产的场所,更是乡村生活的重要组成部分。在中国文学中,高粱地往往与劳动人民的辛勤耕耘、丰收的喜悦以及乡村的宁静与纯朴紧密联系在一起。《安》文中,"高粱地"同样承载了这些文化意蕴,成为展现中国北方农村风貌和民俗文化的一个重要窗口。

除字面和文化意义外,"高粱地"在《安》文中还具有深层的象征意义。它代表着生命的力量、坚韧不拔的精神以及与自然和谐共生的理念。高粱作为一种耐旱、耐贫瘠的作物,象征着劳动人民在艰苦环境中顽强拼搏的精神。同时,"高粱地"也隐喻着人与自然的紧密联系和相互依存,体现了中国传统文化中"天人合一"的哲学思想。

因此,"高粱地"既是背景,也是衬托,它使得"后生"表演的舞台不是限定在逼仄的室内,而是广袤而厚实的陕北高原,是作者深爱的黄土地,从而体现了作者宽广的胸襟和豪迈的人生态度。[①] 这样,便为作者在《安》文中表达更深层次的隐喻义打下了坚实的基础。

---

① 林梅. 鼓声震震,心声雄雄:刘成章《安塞腰鼓》的艺术特色赏析[J]. 语文新读写, 2022 (11):85.

二、形体思绪：在渲染言语思维中流动

刘成章认为，"安塞腰鼓是安塞农民骨头里生出的艺术，没有那样的骨头，你休想学会。"① 这里的"骨头里生出的艺术"说得非常形象，这说明安塞腰鼓早已超越了这一民间艺术形式本身，而是跟表演安塞腰鼓的陕北"后生们"的生命深度地融合在一起：安塞腰鼓便是形体思绪纷飞的陕北后生，陕北后生便是舞动着生命的安塞腰鼓。

因此，陕北后生们的形体思绪，不能仅仅停留在"文章胚胎"中孕育，而应该让它们在更为广阔的背景下充分地展现出来、流动起来才行。于是，作者便运用渲染言语思维，把这种生命的律动呈现在读者面前。

（一）形体思绪的爆发

陕北后生们的形体思绪几乎在安塞腰鼓舞起的一瞬间，便被深度激活，并强烈爆发了。这里有两处渲染给读者留下了深刻的印象。

先来看"渲染一"：

> 【渲染一】一捶起来就发狠了，忘情了，没命了！百十个斜背响鼓的后生，如百十块被强震不断击起的石头，狂舞在你的面前。骤雨一样，是急促的鼓点；旋风一样，是飞扬的流苏；乱蛙一样，是蹦跳的脚步；火花一样，是闪射的瞳仁；斗虎一样，是强健的风姿。黄土高原上，爆出一场多么壮阔、多么豪放、多么火烈的舞蹈哇——安塞腰鼓！
>
> （课文第 7 自然段）

---

① 刘成章. 关于《安塞腰鼓》[J]. 语文学习, 2006 (5): 2.

"形体思绪"的孕育、流动与纷飞

在这一渲染里,"发狠了""忘情了""没命了"是陕北后生形体思绪强烈爆发的一种外在形态,是作家想要表达的"核心语义"。然而,这一核心语义终究是一个抽象的概念,要想把这一核心语义充分地展现出来,就必须进一步对其进行渲染。作家首先运用的是相似言语思维,用"石头狂舞"对安塞腰鼓的表演状况进行了一个总体概述。然后,再次运用相似言语思维把鼓点比作骤雨,把流苏比作旋风,把脚步比作乱蛙,把瞳仁比作火花,把风姿比作斗虎,这样,便把陕北后生强烈爆发的形体思绪的那种"发狠劲儿""忘情劲儿"和"没命劲儿"生动、具体、形象地展现了出来。最后,再以一种抒情式的赞叹,对这一壮观景象进行审美化的总结。于是,陕北后生的"发狠""忘情""没命"的形体思绪便鲜明地呈现在读者面前。

不过,在作者看来,这还不够,还要进一步渲染才行。我们再来看"渲染二":

【渲染二】这腰鼓,使冰冷的空气立即变得燥热了,使恬静的阳光立即变得飞溅了,使困倦的世界立即变得亢奋了。

(课文第 8 自然段)

"渲染二"运用了三种言语思维方式。从表面看,首先运用的是渲染言语思维。作者没有承接第七自然段继续对安塞腰鼓的表演进行直接描写,而是宕开一笔从"空气""阳光""世界"三个侧面,通过它们的剧烈变化,对安塞腰鼓舞动起来的盛况进行三次侧面渲染。其次是对比言语思维。从"冰冷"到"燥热",从"恬静"到"飞溅",从"困倦"到"亢奋",这是一种超越常规的对比,这种对比的力度越大,反差就越大,就越能强烈地渲染安塞腰鼓的舞动盛况。从更深层次来讲,这段话还运用了一种因果言语思维。这种思维方式是从人、事、物、情的未来结果和发展走向上进一步挖掘其内在本质，使得作者想要表达的思想、情感更加深刻、透彻。

（二）形体思绪的回响

如此山崩地裂般的安塞腰鼓的鼓声，所激起的陕北后生的形体思绪必然会在人及天地之间产生强烈的回响。

请看"渲染三"：

【渲染三】百十个腰鼓发出的沉重响声，碰撞在四野长着酸枣树的山崖上，山崖蓦然变成牛皮鼓面了，只听见隆隆，隆隆，隆隆。

百十个腰鼓发出的沉重响声，碰撞在遗落了一切冗杂的观众的心上，观众的心也蓦然变成牛皮鼓面了，也是隆隆，隆隆，隆隆。

（课文第14、15自然段）

"渲染三"中作者通过联想言语思维将腰鼓的声音与山崖、观众的心相联系。在第十四自然段中，腰鼓的"沉重响声"被想象成能够"碰撞"在山崖上，这种联想打破了声音和物体之间的常规界限，使得声音仿佛具有了实体形态和力量。而在第十五自然段中，作者进一步将这种声音与观众的心相联系，想象出声音能够"碰撞"在观众的心上，并使其变成"牛皮鼓面"。这种联想不仅赋予了声音以更为深刻的情感内涵，还使得读者能够更为直观地感受到声音对人们内心世界的影响。

作者的言语思维还体现在如何通过想象创造出新颖而富有张力的文学意象上。在第十四自然段中，山崖被想象成"牛皮鼓面"，这一意象不仅强化了声音的共鸣和扩散效果，还使得整个场景充满了动感和生命力。而在第十五自然段中，观众的心也被想象成具有弹性和振动性能的"牛皮鼓面",与腰鼓声产生共鸣。这种想象不仅丰富了文本的内涵和表现力,还使得读者能够在阅读中产生更为深刻和独特的联想与感受。

这两段话体现了作者独特的言语思维方式。通过联想言语思维和想象言语思维,作者将不同的事物、情境和感觉相互关联,创造出独特而富有感染力的文学意象。这种言语思维方式不仅丰富了文本的内涵和表现力,还使得读者能够在阅读中产生更为深刻而独特的审美体验。

再请看"渲染四":

【渲染四】隆隆隆隆的豪壮的抒情,隆隆隆隆的严峻的思索,隆隆隆隆的犁尖翻起的杂着草根的土浪,隆隆隆隆的阵痛的发生和排解……

(课文第16自然段)

"渲染四"中"隆隆隆隆的豪壮的抒情"和"隆隆隆隆的严峻的思索"这两句,作者通过叠词"隆隆隆隆"的重复运用,以及形容词"豪壮"和"严峻"的修饰,创造出一种声音和情绪上的强烈冲击。这种冲击不仅强化了言语的节奏感,还使得"抒情"和"思索"这两种不同的情感状态在声音上得以凸显和区分。这种将情感状态与声音特质相结合的言语思维方式,使得读者能够在阅读时直接感受到情感的起伏和变化。

"隆隆隆隆的犁尖翻起的杂着草根的土浪"这一句,作者运用隐喻言语思维和具象言语思维,将犁尖翻土的动作与"土浪"这一形象相联系,并赋予其"杂着草根"的特质。这使得场景描绘更为生动具体,与此同时,通过"土浪"这一富有动感和生命力的意象,进一步强调了劳动的艰辛和力量。

散文可以这样读

"隆隆隆隆的阵痛的发生和排解"这一句,作者将"隆隆隆隆"的声音与"阵痛"的发生和排解相结合,通过声音和情感的双重渲染,传达出一种既痛苦又充满力量的情感体验。这种将声音与情感体验相结合的言语思维,使得整个表达更具深度和内涵。

这段话通过特定的言语思维方式,将声音、情感、形象和动作等多个元素有机地融合在一起,构建出一个充满力量感和动态感的文学表达。这种表达方式不仅使读者真切地感受到陕北后生的形体思绪是如何在人及天地之间产生强烈的回响,还丰富了文本的内涵和表现力,使得读者能够在阅读中获得更为深刻和丰富的审美体验。

(三) 形体思绪的撞击

这种强烈的形体思绪仅仅在"山崖"和"人"的内心产生回响,仍然是不够的,它终将落在人的生命体悟和灵魂的撞击上。请看"渲染五":

> 【渲染五】后生们的胳膊、腿、全身,有力地搏击着,疾速地搏击着,大起大落地搏击着。它震撼着你,烧灼着你,威逼着你。它使你从来没有如此鲜明地感受到生命的存在、活跃和强盛。它使你惊异于那农民衣着包裹着的躯体,那消化着红豆角角老南瓜的躯体,居然可以释放出那么奇伟磅礴的能量!
>
> (课文第 18 自然段)

"渲染五"中作者运用具象式言语思维,将陕北后生的舞蹈动作和肢体语言描绘得生动而具体。这种描绘不仅展现了后生们强健的体魄和磅礴的力量,更重要的是,它让读者能够透过这些具体的形象,感受到后生们内心深处的情感和思想。这种具象化的描述为后续的抽象言语思维和象征言语思维提供了坚实的基础。

作者还运用情感化言语思维,将读者带入文本所描绘的场景中,让他们能够亲身感受到那种震撼和撞击。通过强烈的动词和形容词,作者不仅传达了后生舞蹈的感染力,更重要的是,还表达出对生命的热爱和对生活的执着。这种情感化的描述使得读者能够更深刻地体会到作者想要传达的信息和情感。

在具象化和情感化描述的基础上,作者进一步运用抽象言语思维和象征言语思维,将陕北后生的舞蹈提升到了更高的层次。他们不再仅仅是舞蹈者,而是成为生命的象征和灵魂的代言人。他们的舞蹈不再仅仅是一种表演,而是成了一种对生命的颂扬和对灵魂的洗礼。这种抽象化和象征性的思维方式使得文本的主题更为深刻和宏大,同时也为读者提供了更广阔的想象空间和理解角度。

作者通过这些言语思维方式的综合运用,成功地表现了陕北后生的形体思绪所引起的生命体悟和灵魂的撞击。通过这种体悟和撞击,读者能够更深刻地认识到生命的价值和意义,从而引发对生命和灵魂的更深层次的思考。这种表现方式不仅增强了文本的艺术感染力,还使得文本具有了更深远的社会意义和文化价值。

【渲染六】黄土高原啊,你生养了这些元气淋漓的后生;也只有你,才能承受如此惊心动魄的搏击!

多水的江南是易碎的玻璃,在那儿,打不得这样的腰鼓。

(课文第19、20自然段)

在"渲染六"中,作者运用对比言语思维,将"黄土高原"与"多水的江南"进行对比,突出了陕北后生和他们的舞蹈的独特性。黄土高原粗犷、豪放,江南柔美、细腻,两者形成了鲜明的对比,展现了两种截然不同的生活方式和精神风貌。

同时,对比言语思维也用于强调陕北后生舞蹈所蕴含的生命体悟

散文可以这样读

和灵魂撞击。通过将黄土高原与其他地方进行对比,使得读者能够更深刻地认识到陕北后生舞蹈的独特魅力和价值所在,进而感受到其中所蕴含的生命体悟和灵魂的撞击。

对比言语思维在这段话中是用得最多的。通过对比,作者成功地表现了陕北后生的形体思绪所引起的生命体悟和灵魂的撞击,使得文本更具表现力和感染力。

(四)形体思绪的升腾

伴随安塞腰鼓的舞动,陕北后生的形体思绪在经历了"爆发""回响""撞击"后,终于"升腾"了。

请看"渲染七":

【渲染七】

愈捶愈烈!形体成了沉重而又纷飞的思绪!

愈捶愈烈!思绪中不存任何隐秘!

愈捶愈烈!痛苦和欢乐,生活和梦幻,摆脱和追求,都在这舞姿和鼓点中,交织!旋转!凝聚!奔突!辐射!翻飞!升华!人,成了茫茫一片;声,成了茫茫一片……

(课文第25、26、27自然段)

"渲染七"中,这种情感与生命的"升腾"主要借助双重渲染言语思维充分地表现出来。第一层渲染,是最表层的,从"形体思绪"到"思绪中不存隐秘",再到这种"痛苦和欢乐、生活和梦幻、摆脱和追求"的思绪的不断变化、发展,是一种"情感"与"生命"的流动渲染。这种流动的渲染,把陕北后生"生命"与"灵魂"的"升腾""涅槃"的过程鲜明、生动地呈现在读者面前。第二层渲染,则是对"升腾"的过程,从开始的"交织""旋转",到"凝聚"

"奔突",再到"辐射""翻飞""升华",终于在"茫茫一片"中,陕北后生跟黄土高原血脉相连、生命交融的过程,进行更为具体、更为细致的渲染,这也是一种流动的渲染。层层渲染之下,作者营造了一种天人合一的场面。

其实,从《安》文全文来看,陕北后生在热烈、奔放的安塞腰鼓的表演中,形体思绪从"爆发"到"回响",从"撞击"再到"升腾",同样是一种"情感"与"生命"的流动渲染。这种流动的渲染大概就是"奔腾的力量""阳刚之美""冲破束缚、阻碍的强烈渴望"以及"痛快淋漓地生活、表现"等"真实意义"的主要来源吧。

三、形体思绪:在联想言语思维中纷飞

解读散文,当然且必须解读文中人、事、物、情、理的"真实意义",这是毋庸置疑的,因为这是散文文体的本质诉求。只不过,具体到《安》文,却不能止步于此,还要格外关注《安》文的"虚构意义"和"隐喻义",因为该文从事件本身的描述,再到事件背后的背景设置都是虚构的。虚构本是散文作家有意识的行为,它必然或多或少地渗透着作家对于"真实意义"背后的"虚构意义"和"隐喻义"的潜在诉求,不然,就没有必要虚构了。

那么,《安》文背后的"虚构意义"和"隐喻义"究竟是什么呢?用刘成章自己的话说,陕北后生的形体思绪又是如何在"真实意义"上纷飞的呢?这就要从《安》文的联想言语思维的运用说起了。

(一)历史纵深里纷飞的形体思绪

请看《安》文第九自然段:

使人想起:落日照大旗,马鸣风萧萧!

这段话运用了联想言语思维,从当下安塞腰鼓的表演盛况联想到杜甫的诗句:落日照大旗,马鸣风萧萧。这是陕北后生的形体思绪的第一次纷飞。这句诗出自唐代大诗人杜甫的《后出塞五首·其二》。整首诗描绘了一幅雄浑壮阔的边塞图景,这两句诗更是生动地展现了战场上的壮烈和气势。

我们知道,"安塞腰鼓如同其他军鼓形式一样,也来自古代军事活动,用以增强军中士气与传递军事情报。残阳战旗,风嘶马鸣,让眼下的欢愉,多了几分深沉与凝重。"[①] 所以,这两句诗所描述的不仅仅是安塞腰鼓表演现场多么宏大、壮阔,更是"内蕴着对历史的思考。在作者笔下,气势如虹的安塞腰鼓如历史中的战鼓般昂扬,在隆隆的响声中激发军队士气,正如左丘明的'一鼓作气',场面震撼。在激情昂扬的腰鼓声中,作者通过残阳下的战旗和风嘶中的马鸣增添了几许凝重感,从而产生了欢快与深沉的强烈对比"[②]。很显然,这一处的联想包含着对历史的隐喻。

再进一步思考,"落日照大旗"中的落日,可能隐喻历史的渐行渐远,而大旗则代表着一种传承与坚守。这样,便将历史与现实交织在一起,既表现了安塞腰鼓深厚的历史底蕴,也突出了其在现代社会中的传承与发展。这是第九自然段的第二层隐喻:历史与现实的交织。

"落日照大旗,马鸣风萧萧"这样的描绘,很容易唤起人们的集体记忆。对于陕北人民来说,这不仅仅是对历史场景的回忆,更是一种对祖辈们英勇奋斗、不屈不挠精神的传承与颂扬。在这种隐喻中,安塞腰鼓成了连接过去与现在、沟通与传承的桥梁。这是第九自然段

---

① 孙晓娟. 鼓声隆隆,心声雄雄:《安塞腰鼓》赏析[J]. 美文(下半月),2022(1):12.
② 林梅. 鼓声震震,心声雄雄:刘成章《安塞腰鼓》的艺术特色赏析[J]. 语文新读写,2022(11):86.

的第三层隐喻：集体记忆。

此外，还有第四层隐喻：地域文化。安塞腰鼓作为陕北地区的传统民间艺术形式，本身承载着丰富的地域文化内涵。在这种背景下，"落日照大旗"和"马鸣风萧萧"不仅仅是对历史场景的再现，更隐喻着陕北这片土地的历史沧桑与文化厚重。落日和大旗可能隐喻着陕北人民在历史长河中坚韧不拔、勇往直前的精神风貌。

难怪刘成章很看重这段话，因为他想"让人看到历史的纵深，感受到我想说的更多的内容"①。

（二）广阔时空中纷飞的形体思绪

再来看《安》文第十自然段：

使人想起：千里的雷声万里的闪！

这里运用的也是联想言语思维。"千里的雷声万里的闪"出自一首信天游中的语句。"作者以'千里雷'和'万里闪'描绘了腰鼓声音的震耳欲聋和磅礴气势，强化了情感的强大生命力。"② 这是陕北后生的形体思绪的第二次纷飞。

"千里的雷声"和"万里的闪"是自然界中极具震撼力的现象，它们代表着天地的威严与力量。在这里，作者用雷声与闪电来隐喻安塞腰鼓表演时的震撼效果，展现了自然之力与人文艺术的奇妙交融。这是第一层隐喻：自然与人文的交融。

雷声在听觉上给人以深沉、浑厚之感，隐喻着安塞腰鼓那激越、磅礴的鼓声；闪在视觉上则是短暂而强烈的光亮，隐喻着腰鼓表演中

---

① 刘成章. 关于《安塞腰鼓》[J]. 语文学习，2006（5）：3.
② 林梅. 鼓声震震，心声雄雄：刘成章《安塞腰鼓》的艺术特色赏析[J]. 语文新读写，2022（11）：86.

散文可以这样读

舞者们迅疾、有力的动作。这种声音与视觉的交融，使得读者能够更加立体地感受到安塞腰鼓的魅力。这是第二层隐喻：声音与视觉的交融。

"千里"和"万里"是空间上的极致扩展，隐喻着安塞腰鼓的影响力之广、传播之远。同时，雷声和闪电往往伴随着天气的变化，隐喻着时间的流转与历史的演进。在这种隐喻中，安塞腰鼓不仅仅是一种地域性的民间艺术，更是跨越时空的文化现象。这是第三层隐喻：空间与时间的扩展。

雷声和闪电都是自然界中极具破坏力的现象，但同时也孕育着生命的新生。在这种隐喻中，安塞腰鼓被赋予了力量和生命的象征意义。舞者们粗犷、豪放的舞姿以及那激越的鼓声，都隐喻着陕北人民坚韧不拔、顽强拼搏的生命力。这是第四层隐喻：力量与生命的象征。

（三）曲折反复中纷飞的形体思绪

我们再来看《安》文第十一自然段：

> 使人想起：晦暗了又明晰，明晰了又晦暗，尔后最终永远明晰了的大彻大悟！
>
> （课文第11自然段）

这里的"晦暗"和"明晰"的反复使用，仅仅是"表达了腰鼓声音的低沉与高亢，体现了纠缠和挣扎的情绪"吗？[①] 不，其实，"这正是中华民族艰难坎坷的历史进程的一种写照，也是作者一个美

---

① 林梅. 鼓声震震，心声雄雄：刘成章《安塞腰鼓》的艺术特色赏析[J]. 语文新读写，2022（11）：86.

好的期待和祈愿"①。刘成章自己就说过,他在写作《转九曲》《安》文等一系列文章时,"都贯穿着一条红线,那就是讴歌改革开放。那个时期,我满脑子都是改革开放。因为天地的巨大变化给我个人和国家都带来了希望,我对改革开放充满了热情"②。所以,在这曲折反复中纷飞的形体思绪,其实,包含着作者深深的隐喻。

"晦暗了又明晰,明晰了又晦暗"这一反复的过程,可以理解为历史进程中的曲折与反复。在改革开放之前,中国经历了一段时期的封闭与停滞,这可以看作是"晦暗"的时期。而改革开放的启动,则带来了"明晰"的希望与变革。然而,改革过程中也难免会遇到困难和挑战,导致再次的"晦暗"。但最终"永远明晰","永远明晰了的大彻大悟"便象征着改革开放带来的深远影响和不可逆转的历史进程。这是历史进程的隐喻。

陕北后生表演安塞腰鼓,作为一种地域文化的展示,其本身就代表着一种文化的觉醒与自信。在这种情境下,"晦暗"与"明晰"的交替隐喻文化在传承与发展过程中挑战与机遇并存。而"最终永远明晰了的大彻大悟"则表明,经过不断的努力与探索,地域文化最终找到了自己的定位与发展方向,并与时代精神相结合,焕发出新的生机与活力。这是文化觉醒与自信的隐喻。

从更微观的角度来看,"晦暗了又明晰,明晰了又晦暗"也可以隐喻为个人在社会变革中所经历的迷茫与困惑。改革开放不仅带来了社会的巨变,也深刻影响了每一个个体的命运。在这个过程中,人们可能会经历职业的转换、价值观的重塑等种种挑战,这些都可以看作是"晦暗"与"明晰"的交替。"永远明晰了的大彻大悟"则代表着个人在社会变革中找到了自己的位置与价值,实现了自我价值的提升与超越。这又是一种社会变革与个人命运的隐喻。

---

① 段增勇. 吟唱生命壮歌,展现时代精神[J]. 语文学习,2006(5):4.
② 刘成章. 关于《安塞腰鼓》[J]. 语文学习,2006(5):3.

总而言之,"从表层上解读,《安塞腰鼓》是力的诗,力的歌,力的舞蹈,力的画面,一股禁抑不住的勃勃旺盛的生命力犹如源源不绝的长江大河,波汹浪涌,给人以痛快淋漓、酣畅激昂的审美感受;从深层上解读,《安塞腰鼓》是紧扣时代脉搏的时代强音,是中华民族从沉睡中醒来之后,迈着雄健的步伐,不断走向繁荣的进程里,谱写的一曲慷慨昂奋、气壮山河的时代之歌,是新时代民族情绪的折光。"①

所以,《安》文不仅具有"奔腾的力量""阳刚之美""冲破束缚、阻碍的强烈渴望"以及"痛快淋漓地生活、表现"等"真实意义",而更为重要的是,它更像"像黄土高原一样,雄浑、深厚、沉稳、静穆、苍莽、飞腾,这既是刘成章的生命状态,也是刘成章的精神指向"②。《安》文具有广阔而深刻的"虚构意义"和"隐喻义"。

---

①② 段增勇. 吟唱生命壮歌,展现时代精神[J]. 语文学习,2006(5):3-4.

回忆的诗学

——汪曾祺《昆明的雨》的言语思维解读

汪曾祺的《昆明的雨》（下称"《昆》文"）是一篇著名的回忆性散文，最初于1984年发表在《滇池》杂志的第十期上。关于该文的主旨，存在着这样几种主流的解读：

1. 抒发了对昆明的雨的怀念之情，展现了温润、闲适、优雅的风土人情。（《教师教学用书》）
2. 对昆明的颂歌，展现了作者眼中的雨润的、市井的、精神故乡的昆明。①
3. 对青春的怀念与追忆。②
4. 写出了作者当年在西南联大时的友情与爱情。③
5. 回忆苦难、思考苦难、理解苦难和接受苦难。④

---

① 卢剑虹.《昆明的雨》的三重滤镜[J]. 语文教学与研究, 2022 (18): 34.
② 徐阿兵. 直抒胸臆还是委婉情深: 汪曾祺《昆明的雨》新解[J]. 语文建设, 2022 (7): 42.
③ 张心科.《昆明的雨》的匠心独运与别有寄托[J]. 中学语文教学, 2021 (9): 51.
④ 汤汝昭. 苦难幽忆与温情以待: 重读《昆明的雨》[J]. 中学语文, 2022 (25): 47.

这几种解读相差很大，如果单从解读结果来看，其所解读的仿佛不是同一篇文章。如"解读一"指向昆明的雨，"解读二"指向昆明，"解读三"指向青春，而"解读四"却指向了友情与爱情，甚至还有指向苦难的（解读五）。为什么会这样？而更让人感到奇怪的是，为什么人们都见怪不怪？这是因为在人们心里默认了这样一个思维逻辑：散文是一门艺术，是艺术就有很大的解读空间和近乎无限的解读可能。

然而，实际情况可能有点复杂。

首先，我们得承认散文的确是一门艺术。承认了这一点，也就基本认同了这样的观点：散文跟其他艺术形式一样拥有审美空间。然而，散文终究不能与绘画、诗歌等艺术形式等量齐观，它与后者有着显豁的区别。这是因为"相对来说，绘画和诗歌才更为艺术，而散文则是生活化的"①。这就意味着，"生活化"的散文虽然也是一种艺术形式，但是，相比较而言，它并不具备绘画、诗歌等艺术形式所具有的巨大的审美空间，人们也无法像对待后者那样，进行近乎无限的阐释。散文是生活化的，对其解读要尽量贴近生活、接近真实，所以，散文解读是有一定边界的。

那么，如何才能做到这一点？

我们认为，不妨尝试着从言语思维的角度入手，深入探究其底层逻辑，这样，或许能尽量贴近生活、接近真实。

一、胚胎言语思维下孕育回忆的诗学

文章胚胎作为一篇文章的情感与思想的"始发点"，它通常为文章首句或首段。然而，《昆》文却是个例外。这是因为《昆》文采用

---

① 詹丹. 淡淡的情味：重读《昆明的雨》[J]. 语文学习，2020（9）：61.

了"引子"加"起承转合"这一中国古典章法来结构全文。而引子终究是引子,它的使命是引出《昆》文的"起",即课文的第二至五自然段。可是,《昆》文的胚胎又不是"起"的首段,即第二自然段"我想念昆明的雨",尽管《昆》文的"合",即课文的第十一自然段,用同样的语句进行了强化。这是因为《昆》文的最终落脚点并不在"雨"上。

纵观全文,《昆》文的胚胎应该是:昆明的雨季是明亮的、丰满的,使人动情的。这个胚胎中有三个关键词需要细细解读。

(一) 明亮

解读"明亮"这个关键词时,有两点需要注意:

一是"明亮"并不一定是指物理层面的光线亮度,在一篇抒情性的散文里,它更有可能指内心的明亮;二是"明亮"这个词所在的文章胚胎是承继三、四自然段而来的,所以,解读这个关键词时,不能忽略这两段话。

请注意下面两段话中加点的词:

> 我以前不知道有所谓雨季。"雨季",是到昆明以后才有了具体感受的。
>
> 我不记得昆明的雨季有多长,从几月到几月,好像是相当长的。但是并不使人厌烦。因为是下下停停,停停下下,不是连绵不断,下起来没完,而且并不使人气闷。我觉得昆明雨季气压不低,人很舒服。
>
> (课文第3、4自然段)

"以前不知道",这里的"以前"是指什么时候?昆明的雨季并不使人厌烦,是相对于哪里的雨季来说的,或者说,汪曾祺曾经在哪里度过的雨季，是令人厌烦的；同样道理，不是连绵不断，显然是相对于以往的生活而言的，那么，究竟是哪里的雨连绵不断呢？并不使人气闷，气压不低，也是一种与以往生活的比较，这说明汪曾祺曾经历过使人气闷、气压低的雨季，而那样的雨季是让人不舒服的。可见，这些看似平常的表达里，都是潜藏着对话的。

后来，读了汪曾祺《我的家》才明白。那篇文章里有这样一段话：

> 我很小就知道"础润而雨"。用不着看柱础，从正堂屋砖地，就知道雨一时半会晴不了。一想到正堂屋，总会想到下雨，有时接连下几天，真是烦人。雨老不停……

这里描写的雨是汪曾祺的故乡高邮的雨。很显然，作者在《昆》文中对话的对象应该是高邮。

他曾在故乡高邮经历过连绵不绝、气压低沉、令人气闷的雨季，那种体验无疑在他的心中刻下了深深的烙印。然而，当他踏入昆明的土地后，惊喜地发现，这里的雨季与他所熟悉的截然不同。昆明的雨，下下停停，停停下下，不是连绵不断，反而给人一种明亮、舒适的感觉。

这种截然不同的体验，让汪曾祺对雨季有了全新的认识，也使得他对昆明的雨季充满了别样的情感。他开始用诗人的眼光去审视这里的每一滴雨，每一片云，每一阵风。他发现，昆明的雨季不仅滋润了大地，也滋润了他的心田，使得他的回忆充满了深深的诗意。

昆明的雨季，在他的笔下变得明亮起来，仿佛是一首优美的诗篇，每一个字都充满了情感的色彩。他回忆起在昆明度过的那些日子，雨中的景色、雨中的声音、雨中的气息，都化作了他心中那首关于昆明的赞歌。这首赞歌不仅是对昆明雨季的赞美，更是对他那段美好时光的怀念与追忆。

因此，我们可以说，汪曾祺心中的昆明的雨季，是一段充满了回忆的诗学的时光。这段时光不仅让他感受到了雨季的明亮与舒适，更在他心中留下了一段永恒的、充满诗意的回忆。

（二）丰满

昆明的雨季是"丰满"的，这一点在课文的字里行间得到了充分的体现。如第五自然段中，那雨季的"浓绿"，枝叶里的水分"饱和"到过分、夸张的"旺盛"，无一不是昆明的雨量充沛的生动写照。这不仅证明了昆明的雨季丰满，更让每一个读到这段文字的人都能感受到那种湿润、生机勃勃的气息。其实，课文的"引子"中那断了根的倒挂仙人掌，依然能顽强地存活并开出绚烂的花朵，便是最直接的证明。

"城春草木深，孟夏草木长"，这两句诗也是对"丰满"一词的注解，但其深层含义却难以轻易解读。这两句诗分别出自杜甫和陶渊明之手，原本各自承载着厚重的历史和深沉的情感。当它们被巧妙地嵌入这篇关于昆明雨季的文章时，不禁让人产生一丝疑惑：为何要选择这两句与昆明、与雨季并无直接关联的诗句呢？

深入探究后，我们发现，这正是作者的匠心独运之处。他深知这两句诗背后的历史与情感，也明白它们与自己所处的时代、心境之间的巨大差异。然而，他并没有因此而放弃使用它们，反而巧妙地将它们杂糅在一起，形成了一种独特的诗意表达。这样做，既是为了隔离题材可能引发的对当时全面抗战时期山河破碎局面的联想，也是为了将文章内容更加紧密地控制在对自然物的记叙方面。[①]

这样的处理方式，不仅体现了作者对文章结构的精妙把控，更彰

---

① 詹丹. 淡淡的情味：重读《昆明的雨》[J]. 语文学习，2020（9）：62.

显了他对生活中真实、美好事物的深深眷恋。他希望通过自己的笔触，将那些能够滋润人们心灵、增强生活信心和信念的美好瞬间定格下来，成为永恒的记忆。而昆明的雨季，正是这样的充满诗意和情感的回忆。它不仅仅是一段关于气候的记忆，更是一段关于生活、关于自然、关于人性的深刻体悟。在作者的笔下，昆明的雨季变得丰满而生动，每一个细节都充满了情感的色彩和诗意的韵味。它成了作者心中回忆的诗学，一段值得永远珍藏和回味的美好时光。

（三）使人动情

"使人动情"这一关键词的解读，似乎有点困难。

从表面上看，这句话仿佛承继了前文所描述的"明亮"与"丰满"的特性，也就是说，由于昆明的雨季具备"明亮"与"丰满"的特点，它才会触动人心，激发出一种温情的喜爱。这样的理解确实有其合理性，然而，这恐怕并非最根本的原因。

我们不妨把注意力稍稍转移到文章的"引子"上。

巫宁坤和汪曾祺是西南联大的同窗好友，两人情谊深厚。1955年，巫宁坤遇上"肃反运动"，被怀疑回国动机。1957年，被扣上"右派"帽子，遭受批斗，进了看守所；而汪曾祺也在1957年的"反右斗争"中住过牛棚，受过批斗，下放过农村，进行过劳动改造。他们两人"同时落难，从此天各一方"，"直到八十年代才在北京重逢，却仍是咫尺天涯，离多会少"，所以1984年2月，巫宁坤向汪曾祺索画，要求有"第二故乡昆明的特色，往我家徒四壁的墙上一挂，就见画如见人了"。

汪曾祺思考数日之后，终于作了一幅仙人掌图。他"以仙人掌喻巫宁坤，表达对其不屈的精神的敬意和对旺盛的生命力的赞叹"[①]，

---

① 张心科.《昆明的雨》：作为画家和小说家的散文［J］.福建基础教育研究，2021（1）：28.

同时，也是汪曾祺对于巫宁坤挺过艰难生活的慰勉，并取仙人掌"辟邪"之用祝福巫宁坤。巫宁坤也猜测倒挂的仙人掌，"是否也是久经倒悬之苦而犹能存活开花的一代人的写照呢"，可见其中内涵在送画、受画者心中都是比较清晰的。①

这样看来，"使人动情"的，不仅是昆明雨季这一"物性"的"明亮"与"丰满"，更是那个时代中的人，其中有对过往生活的留恋，有对"咫尺天涯，离多会少"的想念的愁情。

当然，对于文章胚胎中上述三个关键词的分析与解读，只是阐述了《昆》文可能的情感基调与可能的写作指向，至于，作者究竟想表达一种什么样的思想与情感，要表达到什么样的程度，还需要进一步往下看。

二、渲染言语思维下展现回忆的诗学

教师教学用书认为，《昆》文是一篇洋溢着美感和诗意的佳作，其中蕴含着景物的美、滋味的美、人情的美以及氛围的美。此言非虚。然而，这种美感并非为了追求美而刻意雕琢，它们是在那个艰难的时代与生活的重重困厄中悄然孕育而出的，共同构筑了汪曾祺独树一帜的回忆的诗学。

这种回忆的诗学，主要体现在一种明亮、丰满、温柔的基调的营造上。汪曾祺以其独特的笔触，运用渲染言语思维，通过对昆明菌子的细腻描绘、苗族女孩的生动刻画，以及若园巷母女温馨场景的深情渲染，巧妙地营造出一种充满温情与怀旧的氛围。这些元素不仅极大地丰富了文章的内涵，更使得整部作品宛如一首悠长的诗篇，令人在细细品味中深切感受到岁月的流转与生活的美好。

在这种诗学的引领下，读者仿佛被带入了一个充满回忆与感怀的

---

① 孙瑞隆.《昆明的雨》的乡愁与怀人[J]. 中学语文教学, 2024 (1): 56.

世界，与作者一同感受着那些逝去时光的点点滴滴。这种明亮而不刺眼、丰满而不冗余、温柔而不失力度的基调，正是汪曾祺回忆诗学的独特魅力所在，也让《昆》文成为一篇令人难以忘怀的佳作。

（一）昆明菌子

作者对明亮、丰满、温柔这一基调的渲染，首先体现在对昆明菌子的细致描绘之中。对于昆明的菌子，现存文献多有解读，人们普遍认为这是一种典型的汪曾祺笔法，将生活化描写推向了极致。尤其是"牛肝菌色如牛肝，滑，嫩，鲜，香，很好吃"这句话中四个逗号的巧妙运用，以及"这种东西也能吃?!"和"这东西这么好吃?!"中标点符号和句式的独特安排，更是成了人们津津乐道的话题。

还有文献从结构上对课文的第七自然段进行了解读，认为其内嵌着精美的结构，是一种精致化的体现，具体表现为：这段话有一种层层推进的戏剧化的心理结构，其中，对牛肝菌的描写是开始，对青头菌和鸡枞菌的描写是发展，到干巴菌这里是高潮，然后由中看不中吃的鸡油菌造成的情绪回落来收尾。[①]

这样的解读没有问题，如果仅仅从课文第七自然段所呈现的文字来看，我们完全可以相信，汪曾祺的确是一个美食家，昆明就是美食的天堂。这里所描写的是令人极为羡慕的生活。

然而，实际情况可能要复杂得多。

汪曾祺初到昆明时，他尚有余钱品尝云南的各种美食，如过桥米线、汽锅鸡等。后来，随着经济的拮据，他开始寻找更经济实惠的餐饮方式，如次一点的米线店，用辣椒和酱油腌制廉价肉类，等等。最艰难时，他只能回到学校的大食堂就餐，那里的饭菜要简陋得多，糙米饭中夹杂着砂粒、木屑，菜品也多是素菜。尽管如此，汪曾祺和同

---

① 詹丹. 淡淡的情味：重读《昆明的雨》[J]. 语文学习，2020（9）：64.

学们仍然保持乐观,通过各种方式筹集餐费,共同度过那段艰苦而又充满回忆的时光。

如果再把这一切放到 1939 年全民抗战的时代背景下来看的话,《昆》文的这段描写就有深意了。作者有意淡化时艰、回避战乱,显然是想借美食以及食用美食的过程、经历、体会,来表达对曾经拥有过的美好生活的留恋。

(二) 苗族女孩

再来看对苗族女孩的描写,这是作者对明亮、丰满、温柔这一基调的第二次渲染:

> 卖杨梅的都是苗族女孩子,戴一顶小花帽子,穿着扳尖的绣了满帮花的鞋,坐在人家阶石的一角,不时吆喝一声:"卖杨梅——"声音娇娇的。她们的声音使得昆明雨季的空气更加柔和了。
>
> (选自课文第 8 自然段)

这段话中,作者从小花帽、绣花鞋、吆喝声这三个角度渲染了苗族女孩。如果仅从文字表面来看,这样的装扮很有民族风,很是美丽,尤其是那娇娇的叫卖声,实在是美得令人窒息。难怪作者说,"她们的声音使得昆明雨季的空气更加柔和了。"不过,如果解读仅仅停留在这一步还是不够的。

我们更应该注意到,这些苗族女孩是坐在什么地方叫卖的?她们为什么坐在人家阶石的一角叫卖?如果设身处地地从苗族女孩的角度来审视,这就不难理解了。她们身份卑微,只能借人家阶石的一角来叫卖。而且,她们来昆明不是游山玩水,而是在谋生。但是如果作者把这一切都直白地呈现出来的话,那么,作者所精心构建的属于他自己的回忆的诗学就会崩塌。要知道,这毕竟是四十年后再来回忆当年的昆明生活，许多生活的磨难已经被岁月过滤了，留下的都是生命的美好，青春的留恋。所以，作者再次书写昆明时，就有意"通过对果和花自身特质细致而动情的叙写，规避对卖花售果人艰难谋生心理和困厄处境的直接碰触与再现"①。这样做不是单纯的回避，而是一种重构，一种对四十年前的昆明生活的诗学重构。

（三）若园巷母女

最后，再来看若园巷母女。这是作者对明亮、丰满、温柔这一基调的第三次渲染：

> 我在家乡看到的白兰多是一人高，昆明的缅桂是大树！我在若园巷二号住过，院里有一棵大缅桂，密密的叶子，把四周房间都映绿了。缅桂盛开的时候，房东（是一个五十多岁的寡妇）就和她的一个养女，搭了梯子上去摘，每天要摘下来好些，拿到花市上去卖。她大概是怕房客们乱摘她的花，时常给各家送去一些。有时送来一个七寸盘子，里面摆得满满的缅桂花！带着雨珠的缅桂花使我的心软软的，不是怀人，不是思乡。
>
> （选自课文第9自然段）

在这一段中，作者首先拿家乡的白兰作比，感叹昆明的缅桂是大树——这是一种壮美。密叶映绿了房间，是一种环境美。每天摘花去卖，是一种生活美。时常给各家送花，更是心灵美、民族美。所以，作者才说"带着雨珠的缅桂花使我的心软软的"。然而，这段话，仅仅是在描写昆明人的生活美吗？

答案当然是否定的。房东是一位五十多岁的寡妇，而她的女儿是

---

① 王小东. 意象：《昆明的雨》情感密码［J］. 中学语文教学，2020（12）：50.

领养的，她们的家庭处境相当艰难。在那个动荡的年代，一个没有男性支撑的家庭会面临多少困境，这是可以想象的，她们每天必须摘下许多花去花市售卖，以此谋生。然而，这样的谋生方式实属不易。毕竟，那是在战争年代，有多少家庭会有闲情逸致仅仅为了"美"而去卖花，又有多少家庭有余钱去购买花，进行审美消费呢？这样深入思考之后，便可知她们的生活有多艰辛。然而，仅从文字本身，是难以看出这些的。

当时的时代背景也印证了这一点。从1939年初到昆明，直至1946年离开，汪曾祺求学与初入职场的几年，几乎都是在战争的阴霾下度过的。这可从汪曾祺的《跑警报》一文中窥见一斑。文中这样写道："昆明有过多少次警报，日本飞机来过多少次，无法统计。自然也死了一些人，毁了一些房屋。有一次日本飞机机枪扫射，田地里死的人较多。大西门外小树林里曾炸死了好几匹驮木柴的马。"

那么，作者为什么还要这样写呢？

一方面，作者的这种写法，颇有几分陶渊明"采菊东篱下，悠然见南山"的田园生活的韵味，如同一幅细腻的剪影，淋漓尽致地展现了农家生活的悠然自得，却有意无意地遮蔽了农活的繁重与收获的微薄。[1]另一方面，作者之所以如此着墨，是为了在大动荡的社会背景之下，凸显小人物的善良与淳朴。试想，一边是战争的硝烟弥漫，一边是温暖的人情流淌，将这两者并置，无疑会营造出一种震撼人心的艺术效果。因此，汪曾祺才会感慨："带着雨珠的缅桂花使我的心软软的，不是怀人，不是思乡。"这是一种深刻的感动，一种在大灾难之下对小人物平凡淳朴的人文关切。[2]

更为关键的是，四十年后，当汪曾祺再次回忆起当年的昆明生活

---

[1] 卢剑虹.《昆明的雨》的三重滤镜[J].语文教学与研究，2022（18）：33.
[2] 唐伟鹏，杨祥明.《昆明的雨》的隐性"情味"[J].语文教学通讯，2022（26）：67.

时，他头脑中不自觉地浮现出的，是经过时间过滤的淳朴民风、美好事物、盎然情趣以及恬淡宁静的生活，这一切甚至都带有诗意的美。① 这种回忆并非作者刻意构建的，但事实上，它已构成了作者无与伦比的回忆的诗学。

三、对比言语思维下深化回忆的诗学

前面已经提及，《昆》文巧妙地借用了古典章法中的"起承转合"结构，在此基础上增添了一个"引子"。"引子"部分旨在引出主题，为之后的写作做好铺垫；紧接着是"起"的部分，对应课文的第二至五自然段，其主要功能是明确主题，奠定全文基调。《昆》文的胚胎蕴含在这一部分之中。课文的第二部分则对应"承"，即课文的第六至九自然段，这是文章的主体部分，详细介绍了昆明雨季的菌子、杨梅、缅桂花，其间穿插人事风俗的描写，生活细节丰富，营造了一种明亮、丰满、温柔的基调。② 客观而言，文章至此，汪曾祺回忆的诗学已初见端倪，其艺术的审美空间及审美价值已十分显豁。然而，在作者看来，还不够，这便有了第三部分的"转"，即课文的第十自然段，在跟第二部分的对比中突出了淡淡忧愁，从而进一步延展了《昆》文的审美空间，提升了其回忆诗学的审美价值。

（一）陈圆圆石像

课文第十自然段，作者开篇便以细腻温婉的笔触指出：雨，有时是会引起人一点淡淡的乡愁的。这一抹乡愁，源于汪曾祺与朱德熙二人共游莲花池，观瞻陈圆圆石像的情景描绘。按理说，陈圆圆与汪曾祺并无直接渊源，她不过是历史上的一位传奇女子，与汪曾祺生活的

---

① 唐伟鹏，杨祥明.《昆明的雨》的隐性"情味"［J］.语文教学通讯，2022（26）：67.

② 卢瑞.论《昆明的雨》的非文学性细节［J］.语文学习，2023（4）：46.

时代相隔甚远。那么，她是如何触动作者内心的乡愁琴弦，与之产生共鸣的呢？原来，这其中的奥妙在于，陈圆圆与汪曾祺同为江苏人氏，皆因战乱而避难昆明，长期客居他乡。这份共同的命运和相似的经历，使汪曾祺将陈圆圆视为跨越时代的、经历同样遭遇的知己。几百年前，陈圆圆曾立于莲花池边，满怀对故乡的深切思念；而今，作者造访莲花池，目睹陈圆圆的石像，心中不禁涌起一份思乡的愁绪。这份乡愁，又因陈圆圆那段凄美的爱情故事，平添了几分传说的美感与历史的厚重感，为莲花池笼上了一层悲情色彩。①

在描述这份淡淡的乡愁时，作者的笔触与前文形成了鲜明的对比。在前文中，汪曾祺以一种明亮、丰满、温柔的基调，描绘了昆明的雨和与之相关的美好回忆。那些关于植物、食物和昆明人的温馨片段，共同构筑了一个充满生活情趣和情感温度的世界。然而，在第十自然段中，当笔触转向乡愁，尤其是通过李商隐《夜雨寄北》的引用，以及陈圆圆石像所触发的历史共鸣予以烘托，一种淡淡的忧愁便悄然弥漫开来。这种忧愁，并非沉重的悲叹，而是如同昆明的雨一般，细腻、柔和，却又难以忽视。它与前文明亮的基调形成了巧妙的对比，从而构建了一种独特的回忆的诗学。

汪曾祺巧妙地将个人的乡愁与历史的厚重、传说的美感交织在一起，使得整篇文章的情感层次更加丰富而动人，不仅表达了自己对故乡的深切思念，也展现了对历史的深刻感悟和对传说的独特理解。这种将个人情感与历史、传说相结合的写作手法，使得《昆》文在一种淡淡的忧愁中构建了一种独特的回忆之美，让读者既能感受到昆明之美，又能体会到那份跨越时空、深藏于心的乡愁之美。

---

① 孙瑞隆.《昆明的雨》的乡愁与怀人［J］.中学语文教学，2024（1）：55.

（二）酒店小酌

再来看酒店小酌的描写：

> 莲花池边有一条小街，有一个小酒店，我们走进去，要了一碟猪头肉，半市斤酒（装在上了绿釉的土瓷杯里），坐了下来。
>
> （选自课文第 10 自然段）

这段文字虽简短，却如一幅淡雅的水墨画，蕴含着深深的情感与淡淡的乡愁。

"莲花池边有一条小街，有一个小酒店"，这样的描述，勾勒出宁静而古朴的环境。莲花池，往往给人以清幽、雅致之感，宛如世外桃源；而小街和酒店的组合，则透露出一种远离尘嚣的宁静，这种环境容易让人联想到故乡的某个角落，那些被岁月温柔以待的地方，从而引发乡愁。

"要了一碟猪头肉，半市斤酒"，这样的点餐细节，富有地方特色和家常气息。猪头肉，是家乡的味道，是记忆中最质朴的美味；而土瓷杯里的酒，更是极具乡土风情的饮食元素，它能够唤起人们对家乡美食的记忆，仿佛一瞬间就能穿越时空，回到那个充满温暖和欢笑的家乡，从而引发深深的乡愁。

土瓷杯和绿釉这样的描述，不仅是实物的描绘，更是文化符号的体现。它们代表着一种传统和古朴的生活方式，那种简单而纯粹的日子，往往与人们的童年或家乡紧密相连。因此，当这些元素出现在眼前时，就像一把钥匙，轻轻打开了记忆的大门，让乡愁如潮水般涌来。

而"坐了下来"这个简单的动作，暗示了一种放松和沉浸的状态。在酒店这样一个相对私密和安静的空间里，人们更容易沉浸在自己的思绪中。那些关于家乡的点点滴滴，那些简单而美好的饮食记忆，都如同电影般在脑海中回放，让人陶醉其中，无法自拔。

这段话看似简单，却通过环境氛围的营造、饮食记忆的唤醒、文化符号的共鸣以及情感状态的描绘等多个角度，共同营造出一种淡淡的乡愁，让人们想起那些远离尘嚣的家乡时光，以及那些简单而美好的饮食记忆。在《昆》文中，这种淡淡的乡愁与前文明亮、丰满、温柔的基调形成了巧妙的对比，从而营造出一种别具一格的回忆的诗学。在前文中，作者运用细腻的描写手法，刻画了昆明的雨以及与之相伴的美好回忆，那些涉及植物、美食和昆明人的温馨场景共同构建了一个洋溢着生活情趣的温暖的世界。然而，在描述酒店小酌的场景时，作者巧妙地借助环境氛围的营造与细节的刻画，让一抹淡淡的忧愁悄然弥漫。这份忧愁并非沉重的哀伤，而是像昆明的雨一样细腻、柔和却难以忽略。在这种回忆的诗学中，作者将个人的乡愁与环境的描绘、饮食的记忆以及文化符号的共鸣巧妙地交织在一起，使得整篇文章的情感层次更加丰富而动人。

（三）鸡

至于那几只鸡，作者写得很是简单，却富有深意，寥寥几笔便勾勒出一幅宁静而生动的画面：

> 酒店有几只鸡，都把脑袋反插在翅膀下面，一只脚着地，一动也不动地在檐下站着。
>
> （选自课文第 10 自然段）

在这段简洁却充满情感的描述中，鸡以它们特有的姿态站立在檐下，与昆明的雨景相互映衬，共同营造出一种远离尘嚣、充满乡土气息的宁静氛围。它们不仅是这个场景中的一部分，更是成为营造淡淡乡愁氛围的重要物象，静静地诉说着岁月的静好和家乡的安宁。

汪曾祺在描述这些鸡时，很可能是在回味自己曾经在昆明度过的那段时光。鸡的姿态、酒店的环境、雨中的氛围，如同一个个触发回忆的开关，将他内心深处的情感一一唤醒。这些鸡不仅仅是一种物理上的存在，更是他心中那段时光情感的寄托和象征。每当他想起这些鸡，就会自然而然地回想起那天的情味，包括昆明的雨、酒店的环境以及自己当时的心境。

在中国传统文化中，鸡常常被视为吉祥、和谐的象征。而汪曾祺笔下的鸡，更是以它们脑袋反插在翅膀下面、一只脚着地的姿态站立，显得异常安详和宁静。这种姿态不仅为整个场景增添了一种静谧的氛围，也深深寄寓了作者对和谐安定生活的向往和追求。[①] 这些鸡成了汪曾祺心中理想生活的化身，代表着他对昆明和谐、安宁生活的深深眷恋。

在《昆》文中，这几笔关于"鸡"的意象描述，虽然简单，却在淡淡的忧愁中构建出了一种回忆的诗学。这种回忆的诗学与文章前面所展现的一种明亮、丰满、温柔的基调形成了鲜明的对比。前面如同昆明的雨一般细腻而温暖，而这几笔关于鸡的描述，则在宁静中透露出一种淡淡的忧愁和怀旧之情。这种对比不仅丰富了文章的情感层次，也使得回忆的诗学在忧愁中更加凸显出来。汪曾祺通过这些鸡的描绘，将读者带入了一个充满回忆和感怀的世界，让读者在感受昆明的雨和美好时光的同时，也深深体会到了作者对过去时光和家乡情感的深深怀念。

综上，《昆》文作为一篇回忆性散文，其回忆的诗学体现在多个层面。胚胎言语思维层面，他以昆明的雨为引子，通过文章胚胎孕育了对过去时光的深深眷恋，为全文的回忆氛围奠定了基础。而渲染言

---

① 王小东．意象：《昆明的雨》情感密码［J］．中学语文教学，2020（12）：52.

语思维的运用，则将回忆中的昆明描绘得明亮、丰满、温柔，让读者仿佛置身于那个美好时代。更重要的是，汪曾祺通过对比言语思维，构筑了前面的明亮基调与后面的淡淡忧愁的鲜明对比。这种对比，使得人们强烈地感受到，雨中的人事物景都已回不去，青春和友情都已逝去，从而陷入深深的怀念与惆怅。[①] 这种对比让读者在感受昆明美好时光的同时，也体会到了作者对过去时光的深深怀念和无法挽回的忧愁。

---

① 卢瑞. 论《昆明的雨》的非文学性细节 [J]. 语文学习, 2023（4）: 46.

逆境中重塑:回归、构建与涌动
——陆定一《老山界》的言语思维解读

陆定一的《老山界》(下称"《老》文"),是一篇回忆性叙事散文。对于这篇文章的主旨,目前存在着如下几种主流解读:

1. 热情地歌颂了红军克服困难的坚强意志和革命乐观主义精神。①

2. 依拙见,是"逾越"二字。老山界高、陡、险,被认为是不可逾越的,可它终被英雄的红军逾越了!而且被"笨重"的军委纵队逾越了!……"逾越"这一主题思想是可以超越时空的,具有普遍的教育意义。②

3. 写出了在中国共产党领导下的工农红军不怕困难、艰苦奋斗的坚强意志和革命乐观主义精神。③

---

① 金振声.《老山界》分析与教案[J].教学与研究,1980(2):5.
② 蓝鸿文.怎样读陆定一的《老山界》//人民教育出版社课程教材研究所中学语文课程教材研究开发中心.义务教育教科书教师教学用书语文七年级下册[M].北京:人民教育出版社,2017:72.
③ 洪宗礼.义务教育教科书语文教学参考书八年级(上册)[M].南京:江苏凤凰教育出版社,2017:22.

4. 文章令人信服地展现了红军这支坚强的革命队伍的风貌和能够克服任何艰难险阻的伟大品质。[①]

　　上述解读虽然在具体的言语表述上不尽相同，但就其实质而言，核心语义相差并不大，大都是说《老》文歌颂了红军克服困难的坚强意志和革命乐观主义精神。这样解读，从总体上讲当然没有问题。不过，如果从言语思维的角度去重新审视《老》文，就会发现，这样解读会有许多不太合理、不太完善的地方需要修正。比如，课文第三至十自然段的插叙——我们到一瑶民家歇息，有点游离于翻越老山界这一主情节；再比如，明明知道雷公岩是老山界最陡峭的地方，攀爬雷公岩最能表现红军精神和品质，作者却一笔带过，只写了一句"很小心地过了这个石梯"，后面就再也不提雷公岩了。这实在是太反常了。

　　然而，所谓的"反常"，是相对常规言语思维而言的。对于作者来讲，它其实并不反常，作者是在用一种特殊的言语思维方式提醒读者：《老》文的叙事主线并不一定是常规意义上翻越老山界的过程，《老》文的主旨也不能简单地限定为歌颂红军克服困难的坚强意志和革命乐观主义精神，而是另有乾坤。

一、胚胎言语思维下孕育

　　这个另有的"乾坤"首先是在《老》文的胚胎中悄然孕育的。《老》文的胚胎是课文的第一自然段：

　　　　我们决定要爬一座三十里高的瑶山，地图上叫越城岭，土名叫老山界。

[①] 人民教育出版社课程教材研究所中学语文课程教材研究开发中心. 义务教育教科书教师教学用书语文七年级下册[M]. 北京：人民教育出版社，2017：62.

其中有两个关键词:"决定"和"老山界"。要想解读作者是如何运用胚胎言语思维孕育主旨的,就要从这两个关键词展开。

(一)决定

1. "决定"本身的显性含义

"决定"一词很平常,在字典中一共有三个义项:1. 作为动词,表示"对如何行动做出主张";2. 作为名词,表示"决定的事项";3. 作为动词,表示"某事物成为另一事物的先决条件"或"起主导作用"。①《老》文胚胎中的"决定"当取第一个义项。不过,此处决定爬一座三十里高的老山界,是在一种特殊背景下做出的毅然决然的"决断""决计"与"决策"。从语词言语思维的角度来看,它必然会超越字典意义,而具有非同寻常的特殊含义。

战略意义。1934 年,中国工农红军在面临国民党军的第五次"围剿"时,由于多种因素(包括战术困难、内部战略分歧等),经过一年苦战,仍未取得反"围剿"的胜利。最终,只能于 1934 年 10 月仓促命令中央领导机关和红军主力退出根据地,突围转移,开始长征,以寻求新的生存与发展机会。在此背景下的"决定"就不仅仅是个简单的行动选择,而是红军在关键时刻做出的重要的战略调整。这个决策对于红军的存续和发展具有决定性意义,是红军由被动防守转为主动出击的重要转折点。

象征意义。由于红军的这一"决定"是在一种极为艰难的处境下做出的,这便使得"决定"本身远远超越了某一具体的行动指令,更是象征着红军在艰难困苦中不屈不挠、勇往直前的精神品质。这种

---

① 中国社会科学院语言研究所词典编辑室. 现代汉语词典(第 7 版)[K]. 北京:商务印书馆,2016:712.

精神品质是红军长征精神的重要组成部分,也是中国革命精神的重要体现。这或许便是《老》文的主流解读歌颂红军克服困难的坚强意志和革命乐观主义精神的主要思想来源。

心理意义。对于广大红军指战员们而言,如此"决定"是在一种极为困难的境况下做出的,在传达红军领导层的坚定决心的同时,也明确了红军的未来目标与方向,这无疑是对红军士气的一种极大提振。在迷茫和焦虑中徘徊的红军指战员们,由此看到了希望和出路,焦虑、迷茫、失落和沮丧等负面情绪便会得到一定程度的缓解。

2. "决定"背后的隐性深意

我们知道,如果"决定"是在深思熟虑后做出的,那么无论是决策者还是执行者,都必然从容许多。反之,则大不一样。

爬老山界,是在红军未能取得第五次反"围剿"胜利,只能于1934年10月仓促命令中央领导机关和红军主力退出根据地,突围转移,开始长征的背景下做出的。从《老》文第二自然段中的"下午才动身""走不了几步,又要停下来",一直到天色晚了,还没走几步能够看出这次决定是多么仓促。这必然会使广大红军指战员们产生一些负面情绪。再加上,长征开始时"左"倾教条主义者在突围时采取了"大搬家"的错误方式,部队拥挤不堪,行动迟缓,大批的战斗队变成了掩护队。这种情况很不利于部队突围和行军,很不利于打破敌人的封锁和前堵后追。红军在抢渡湘江时,付出了惨重代价,在过老山界时,这种"笨重"状况,还没有得到根本改变。[①] 这种情况下,负面情绪很有可能进一步放大为一种集体的焦虑、迷茫、失落和沮丧。

---

① 蓝鸿文. 怎样读陆定一的《老山界》//人民教育出版社课程教材研究所中学语文课程教材研究开发中心. 义务教育教科书教师教学用书语文七年级下册[M]. 北京:人民教育出版社,2017:72.

在这种情况下,"决定"本身虽然指明了红军未来的战略方向,能在一定程度上缓解广大红军指战员们的负面情绪,但是,要想从根本上建立起革命信心并使红军重新回归自我,单凭一个"决定"或是简单的外部慰藉是远远不够的,需要一个深刻的自我重塑的过程。

(二) 老山界

《老》文胚胎的描写十分奇怪,"瑶山""越城岭"和"老山界"实际上是同一个地方,按照常理,完全没有必要这么细致,然而,作者却"明知故犯",其中,必然包含着特殊的意图指向和意义建构。

1. 渲染言语思维下的显性展现

《老》文在胚胎中交代了老山界的不同称谓,这运用了一种特殊的渲染言语思维,意在通过不同的名称对下列言语意图进行层层渲染。

意图一:交融民族、地理与民俗

交代三个不同的名称,指向民族、地理与民俗的一种交融。

"瑶山"即瑶族聚居的山区,这一称呼揭示了当地的民族成分。这不仅体现了地域特色,更是凸显了红军长征途中与各民族地区的紧密联系。事实上,红军长征之所以能够成功,离不开少数民族人民的大力支持与帮助。《老》文中瑶民一家人从"惊惶"到无私地支持红军便是明证。

"越城岭"是地理学上的专业术语,它准确地定位了老山界在地图上的位置。这一称呼赋予了特定地点的精确坐标,既体现了行文的严谨性,也展示了老山界在地理上的重要性和战略意义。

"老山界"作为土名,则蕴含着丰富的民俗文化和历史记忆。它不仅反映了当地人对这一地区的传统认知和感受,还承载着民间故事和历史传承。通过这一称呼,可以更加深入地了解当地的风土人情和历史背景。

意图二：展现独特魅力与审美内涵

作者交代同一地方的不同名称，意在构建一个多层次的叙述空间，使整篇文章在叙述上呈现出丰富多彩的面貌，与此同时，还形成了一种独特的文学节奏和韵律感。通过这种处理，作者成功地引导了读者的情感共鸣，使读者能够更加深刻地理解和感受文本所传达的深层含义和情感力量。

此外，三个不同的地名还具有深刻的象征和隐喻意义，它们代表了三种不同的文化视角和历史记忆，共同构成了老山界这一地点的丰富内涵。这种多维度的展示方式不仅使文本更加立体、生动，还为读者提供了广阔的想象和思考空间。

意图三：传承革命历史与红色文化

交代三个不同名称不仅是对历史的忠实记录，更是对红色文化的一种深刻诠释。这些地名见证了红军长征的艰难历程和英勇奋斗，是红色历史的重要组成部分和宝贵遗产。通过提及这些地名，作者旨在强调红军长征的历史意义和红色文化的精神价值，表达对历史的深切缅怀和崇高敬意，给后人以深刻启示和激励，同时提醒我们要时刻铭记历史、珍惜来之不易的和平与幸福，并继续发扬红军精神，为实现中华民族的伟大复兴而努力奋斗。同时，这种处理也体现了作者对历史的深刻思考和感悟，以及对红色文化的热爱和传承之情。

可见，《老》文胚胎中的三个地名蕴含着特殊的意图指向。一般来讲，能解读到这一步，也就可以了。但是于《老》文而言，似乎还不够。

2. 矛盾言语思维下的隐性孕育

按照常理，既然三个地名蕴含着作者特殊的意图指向，那么，作者在写作《老》文时，就应该以"老山界"为轴心，把叙述的着力点放在红军指战员们是如何克服千难万阻跨越老山界的，尤其是翻越老山界中最为艰险的雷公岩，更应该大书特书，这样才能最大程度地歌颂红军克服困难的坚强意志和革命乐观主义精神。

然而，作者似乎不是这样想的，也不是这样做的。

诚然，在具体行文时，作者也有在前文中不断地渲染、铺垫雷公岩是多么艰险，但是读者期待的高潮并没有如期到来，等到红军指战员们终于翻越最为险要的雷公岩时，作者仅仅说了一句话：很小心地过了这个石梯。如此轻轻带过，这便使得"故事时间"与"话语时间"之间形成了巨大反差，造成了叙述层面的"矛盾"。① 这是一种特殊的矛盾言语思维。通常来说，矛盾言语思维的运用，并不仅仅是为了使故事情节跌宕起伏，更重要的是为了引起读者深刻的反思。

  反思1：在最需要大书特书的地方，作者为什么突然收笔不写了，其意图是什么？

  反思2：在最应该高潮的地方作者突然收笔不写了，这说明，作者主要的言语意图，很可能并不在于如何克服艰难险阻，以歌颂红军坚强的意志和革命乐观主义精神。如果这种说法成立的话，那么，作者真实的言语意图究竟是什么呢？

  反思3：作者为什么没有在具体行文中沿着在文章胚胎中所渲染的言语意图方向走下去？此处的矛盾言语思维，跟文章胚胎中"决定"一词背后所隐含的，需要在过程中平复焦虑、迷茫、失落和沮丧的负面情绪，又有什么直接的关联呢？

  ……

要想回答这些问题，就需要继续探讨过程言语思维。

---

① 郭跃辉. 从叙事角度解读《老山界》[J]. 语文建设，2021（3）：43.

二、过程言语思维下重塑

当我们从过程言语思维①的角度来重新审视《老》文时，我们发现《老》文中的红军在决定爬老山界时，面临着两个方面的巨大困难。一是外在困难，即爬三十里高的老山界所面临的自然界的困难和被国民党军围追堵截的艰难处境；另一方面是红军指战员们内心的焦虑、迷茫、失落和沮丧，也就是内部困难。作者在具体行文时，没有沿着文章胚胎所渲染的言语意图发展下去，这说明《老》文的"核心情节并不是人物克服外在困难勇往直前，而是人物如何在困境中战胜内心的迷茫、沮丧，甚至是消沉、麻木，重拾信心和勇气，重建自我形象，进而战胜自我、战胜敌人的过程。将核心冲突由外转内，这是《老山界》在情节构思上最大的特点，也昭示了它的主题表达将更为深刻有力，也更能打动不同时代、不同处境中的读者"②。

（一）逆境中回归

从过程言语思维的角度来看，战胜内心、重塑自我不是一蹴而就的，它必然有一个过程，而这个过程首先是从红军指战员们在逆境中回归自我开始的，即课文的第三到十自然段中"我们"同瑶民攀谈、交往、略作歇息的过程。

就《老》文的叙事主线——爬老山界而言，"我们"去瑶民家歇息的过程是一段插叙。有学者认为，这段插叙着重描写了红军与瑶民

---

① 过程言语思维是借鉴马正平的过程性分析性思维而生成的言语思维方式。根据马正平的论述，所谓"过程性分析性思维"是指对事物的历史发展、演变过程和运动环节进行解剖、分解，从而发现事物在各个历史发展、演变阶段和运动环节的特殊状态、特征、规律、原理。具体参见马正平编著的《高等写作思维训练教程（第二版）》第131页。

② 龚金平．逆境中蜿蜒曲折的心路历程："道路电影"视野下的《老山界》重读［J］．语文学习，2023（3）：66.

之间血肉关系的动人场面,它是全篇的有机部分,是表现、丰富、加深主题不可缺少的笔墨。① 需要注意的是,这里所谓的"主旨",是指常规意义上的歌颂红军克服困难的坚强意志和革命乐观主义精神。但是,当我们仔细研读这一段插叙时,我们发现它其实跟传统认知的文章主旨并没有太大的关系,而是在叙述红军指战员们的一种内在精神与情感的停顿、梳理与回归。

在这一段插叙中,包含着两个叙事线索:

一条叙事线索是从瑶民的角度来讲的,它包括"惊惶接待""伤心攀谈""主动询问""煮粥道歉"以及"欣喜接受"等几个情节。从这几个叙事情节来看,瑶民一家人的内在情感一直在变化:从开始的"惊惶"到放下戒心"攀谈",从主动询问"我们"是否饥饿到拿出仅有的米煮粥给"我们"吃,还向"我们"道歉,足可以说明瑶民一家的心在向红军靠拢。

与此同时,还伴随着另外一条红军视角的叙事线索,它包括"借地歇脚""热心攀谈""缺粮送米""标语警示""诚邀喝粥"和"打听前路"这样几个情节。从这几个叙事情节来看,红军,即"我们"的内在情感与思想情绪,也一直在变化。"借地歇脚"之时,"我们"刚刚决定爬老山界,还没有走多远,不会很累,所以说,这里歇息的与其说是疲惫的身体,还不如说是"我们"焦虑、迷茫、失落和沮丧的内心。但是,当"我们"看到瑶民的"惊惶"表情时,"我们"便向瑶民一家宣传红军的民族政策。当"我们"看到大嫂的内心发生了巨大的变化,不但问我们饿了没有,还拿出仅有的粮食给我们煮粥吃,并向我们道歉时,"我们"的内心其实也发生了巨大的变化,不但在明知前面缺粮的情况下,把整袋米送给了瑶民一家,还特意书写标语警示红军战士不准拆篱笆当火把,喝粥时还盛粥邀请瑶

---

① 金振声.《老山界》分析与教案[J]. 教学与研究,1980(2):5.

民母女一起吃，俨然已是一家人。可见，"在瑶民家里歇息和喝粥的经历，使'我们'在混乱的状态中有了安顿身心的机会，找回了'红军'的初心。"①

而这个逆境中"初心"的回归，对于"我们"红军指战员们来说十分重要，它使"我们"刚刚爬越老山界时的焦虑、迷茫、失落和沮丧的情感与心绪得到了极大的抚慰，它使"我们"找到了前进的方向，并为进一步的"构建"自我打下了坚实的基础。

（二）逆境中构建

红军自我的重新构建，主要体现在课文第十二自然段：

> 满天都是星光，火把也亮起来了。从山脚向上望，只见火把排成许多"之"字形，一直连到天上，跟星光接起来，分不出是火把还是星星。这真是我生平没见过的奇观。

这一段文字从全局的视角细腻地描绘了红军夜间行军的宏伟场面。开篇"满天都是星光，火把也亮起来了"不仅点明了时间和环境，也为后文的深入描绘奠定了基础。星光与火把的光芒交相辉映，营造出一幅既壮观又神秘的画面，使得整个场景仿佛被诗意所笼罩。

其中，"之"字形排列的火把成为一个核心视觉元素，它不仅仅是对实际场景的描述，更承载着丰富的象征意义。这一形状蜿蜒曲折，如同红军长征的艰难历程，同时也映射出红军战士坚韧不拔、百折不挠的革命精神。此外，"之"字形还隐喻了红军在困境中所展现出的灵活与智慧，这是中国革命独特战略的生动体现。

"一直连到天上，跟星光接起来，分不出是火把还是星星"，这

---

① 龚金平. 逆境中蜿蜒曲折的心路历程："道路电影"视野下的《老山界》重读 [J]. 语文学习，2023（3）：67.

样的描述进一步增加了场景的神秘感和壮丽感。火把与星光的交融，仿佛打破了天地之间的界限，营造出一种天人合一的壮美意境，展现了红军战士的豪情壮志。

"这真是我生平没见过的奇观"，这句由衷的感慨是作者内心情感的自然流露。这里的"奇观"不仅仅指眼前的自然美景，更是指红军战士在极端艰苦的环境下依然保持的昂扬斗志和坚定信念。这种精神力量对于"我"来说，无疑是一次心灵的震撼和精神的洗礼。

在这一奇丽壮观的画面中，闪烁的火光与星光相互辉映，它们汇聚成信仰之光、意志之火，以及激昂的革命热情。这些元素共同铸就了红军战士战胜困难的决心和勇气，讴歌了他们无畏艰险、勇往直前的革命乐观主义精神。这无疑是对军心的极大鼓舞和对士气的有力提升，同时也激励着"我"以更加饱满的热情和坚定的信心去攀登老山界的高峰。①

此时的"我"及"我们"，显然从最初的焦虑、迷茫、失落和沮丧中走了出来，在这片壮丽景象的熏陶下得到了释放和疗愈。战士们内心的豪情被重新点燃，他们找回了应对未来挑战的信心与勇气。这种个体的自我重建过程不仅彰显了红军战士坚韧不拔的精神风貌，也映射出整个红军队伍在艰难困苦中不断成长和蜕变的历程。

（三）逆境中涌动

红军自我重建后内在思想情感的涌动与升腾，主要体现在课文的第二十二自然段：

> 除此以外，就是寂静。耳朵里有不可捉摸的声响，极远的又

---

① 龚金平. 逆境中蜿蜒曲折的心路历程："道路电影"视野下的《老山界》重读［J］. 语文学习，2023（3）：67.

逆境中重塑：回归、构建与涌动

是极近的，极洪大的又是极细切的，像春蚕在咀嚼桑叶，像野马在平原上奔驰，像山泉在呜咽，像波涛在澎湃。不知什么时候又睡着了。

从整体上来看，这段话通过声音的描绘，巧妙地展现了红军指战员们在翻越老山界时的心理状态。在经历了一段艰难的跋涉和心灵的迷失之后，他们重新感受到周围的细微声响，这种体验不仅是对外界环境的感知，更是他们内心情感变化的反映。

作者运用了通感的修辞手法，将听觉、触觉、视觉等多种感官融合在一起，营造出一种独特的氛围。这种氛围既安静又充满生机，象征着红军指战员们内心的平静与重生。耳朵捕捉到的那些"不可捉摸的声响"，似乎既"极远"如同天籁，又"极近"仿佛在耳畔低语，它们的声音既"极洪大"激荡人心，又"极细切"如同密语。这种声响的矛盾呈现，实际上映射了他们的纷繁情感。这些声音犹如"春蚕在咀嚼桑叶"，象征着生命的悄然萌动与不息的生长力；又仿佛"野马在平原上奔驰"，代表着战士们内心的奔放与不羁；而当它们轻柔细腻时，又好似"山泉在呜咽"，这透露出的并非哀伤与思念，而是一种宁静与淡然，是红军战士们在艰苦环境中依然保持的平和心态；最终，这些声音汇集成澎湃的波涛，这不仅彰显了红军指战员们重燃的斗志，更是他们坚定信念与不屈力量的写照。

从心理层面来看，这段话也体现了红军指战员们在经历困难后的心理转变，他们由最初的焦虑、迷茫、失落和沮丧，逐渐在自然的抚慰下找回了内心的平静。他们开始重新聆听自然的声音，感受生命的韵律，重拾对未来的信心和勇气。

此外，这段话还蕴含着深刻的哲学思考。寂静之中蕴藏着无尽的生机与可能，这正是生命的奇妙之处。红军指战员们在寂静中感受到了生命的力量，也重新认识到了自己的使命与责任。这种体验不仅让他们重拾了勇气，也让他们更加坚定地走向未来的革命道路。

这样，红军在到达老山界的雷公岩之前，作者或插叙、或停顿描写，利用三次过程言语思维的渲染，让红军指战员们完成了身份的回归、信心的重建、豪情的涌动，拥有了坚强的意志和不屈的战斗精神。这再次证明了，《老》文真正的情节主线，并不是红军如何翻越老山界，而是红军在逆境中如何找回自我、重建信心、重获勇气的过程。①

三、复式言语思维②下渲染

在明确了《老》文把情节主线设定为"找回自我""重建信心""重获勇气"的过程之后，还有三个十分重要的问题需要弄明白。一是作者为什么没有按照常规思维，把翻越老山界的艰难过程作为《老》文的主要情节？毕竟以此为主要情节，也能歌颂红军克服困难的坚强意志和革命乐观主义精神。二是作者为什么要把红军"找回自我""重建信心""重获勇气"的过程作为《老》文的情节主线？三是应该运用什么样的言语思维进行叙事，才能把上述情节主线渲染得更为充分，更能打动读者？

要想弄清楚这些问题的本质，那就要从《老》文诞生的背景说起了。

1936年8月5日，毛泽东、杨尚昆给各部队和参加长征的同志发出电报和书信，为出版《长征记》一书征稿，以扩大红军在国内

---

① 龚金平．逆境中蜿蜒曲折的心路历程："道路电影"视野下的《老山界》重读［J］．语文学习，2023（3）：68．

② 复式言语思维是指在言语表达和思考过程中，采用类似复调音乐的手法，将多个独立或相对独立的思路、观点、情感或语言元素同时展开，形成一种复杂而和谐的语言结构与思维模式。本文主要指"我们"的集体视角与"我"的个体视角相融合的复式言语思维，以及"宏大叙事"与"微观叙事"相融合的复式言语思维。

外的影响，募集抗日经费。① 正是在此背景下，陆定一写了两篇纪实性的文章，其中一篇便是《老》文。很显然，陆定一写作此文，就当时的情形而言，不仅仅是为了留下一段珍贵的历史记忆，更重要的是为了"扩大红军在国内外的影响，募集抗日经费"，然而，想要达到上述言语意图并非易事。

通常来讲，完全可以按照常规思维采用集体视角叙述红军如何艰难地爬过老山界，那样也能歌颂红军克服困难的坚强意志和革命乐观主义精神，但是，那样写太过普通，很难从众多的征稿中脱颖而出，更遑论成为回忆长征的经典名篇了；而更为重要的是，集体视角的叙事，相对来说，太过宏大，很难深入红军战士的内心。当时，红军面临着巨大的困难，广大指战员们的思想、信心、情绪都有着不同程度的波动，国内外有识之士对于红军在面临巨大困难的情况下能否取得最后的胜利也缺乏足够的信心。在这种情况下，单纯的宏大叙事虽然也能感染人，却由于缺乏鲜活的个体形象，缺少对红军指战员内在情感的深入挖掘，就会使得文本的真实性和可信度大幅下降，而很难真正打动读者，继而达成"扩大红军在国内外的影响，募集抗日经费"的言语意图。

于是，作者采用了两种特殊的复式言语思维方式，即"我们"的集体视角与"我"的个体视角相互交融的复式言语思维，以及宏大叙事与微观叙事深度融合的复式言语思维，来展现红军指战员们"如何在困境中战胜内心的迷茫、沮丧，甚至是消沉、麻木，重拾信心和勇气，重建自我形象，进而战胜自我、战胜敌人"②，使《老》文不但具有极高的可信度，又能充分展现红军指战员们克服困难的坚

---

① 蓝鸿文. 怎样读陆定一的《老山界》//人民教育出版社课程教材研究所中学语文课程教材研究开发中心. 义务教育教科书教师教学用书语文七年级下册[M]. 北京：人民教育出版社，2017：71.
② 龚金平. 逆境中蜿蜒曲折的心路历程："道路电影"视野下的《老山界》重读[J]. 语文学习，2023（3）：66.

强意志和革命乐观主义精神，从而，很好地达成了扩大红军在国内外的影响，以期募集抗日经费的言语意图。

（一）"我们"视角下的宏大叙事

1. 宏大叙事的多重构建

陆定一是通过三个叙事策略来构建《老》文的宏大叙事的。一是在集体经历的共鸣中构建。在《老》文中，"我们"不仅是红军战士的代称，更是作者与读者建立情感共鸣的桥梁。通过"我们"的视角，读者能够更加直观地感受到红军长征途中的艰辛与不易，从而产生强烈的情感共鸣。例如，《老》文中描述"我们"在行军中遇到的各种困难，如路途的艰险、饥饿和疲劳等，使读者深切地体会到红军战士的不易。

二是在细节的宏大与微观描绘中构建。作者通过"我们"的视角，既展现了红军翻越老山界的宏大场景，又深入描绘了战士们的微观感受。如文中对山路的陡峭、夜宿山崖的不易、半夜冻醒后的细节描绘，让读者仿佛身临其境，深刻体会到红军翻越老山界是多么艰难。在瑶民家中喝到香甜粥的细节，也让读者体会到红军战士在艰苦环境中获得的一丝温暖。

三是在历史感与时间跨度中构建。《老》文通过"我们"的视角，按照时间顺序和地点转移来叙述整个翻山过程，从动身爬山到瑶民家中歇脚，再到夜间行军等情节的展开，绘制了一幅具有历史感的红军长征画卷。这种叙事方式让读者能够清晰地感知到红军长征的时间跨度和历史背景。

2. 宏大叙事的意图指向

《老》文从"我们"的集体视角，以宏大的笔触叙事，细腻地描绘了红军战士在极端恶劣环境下的坚韧不拔。他们在饥饿与疲惫的双重压力下，依然坚韧地踏上了行军之路，这样的精神风貌无疑会唤起读者对红军的深深崇敬，进而提升红军在国内外的整体形象。

值得一提的是，这种宏大叙事并未忽视"细节"的刻画。《老》文除了对山路的陡峭、夜宿山崖的不易、半夜冻醒后的细节进行细致描绘，还详尽地叙述了"我们"与瑶民的深入交流，尤其是红军如何耐心地向瑶民解释自己的信仰和宗旨，以及瑶民对红军看法的转变，到最后为红军提供帮助等。这些情节生动地展示了红军与广大人民群众之间血浓于水的情谊。正是这种情感联结，为红军赢得了国内外的广泛赞誉和坚定支持。

正因如此，《老》文成功地触动了读者的内心，激起了他们的共鸣。读者能够深切体会到红军战士的艰辛与伟大，进而对红军怀有无尽的敬意。这种强烈的共鸣无疑有助于红军在国内外树立更加崇高的形象，同时也让读者对红军产生了深深的认同感和归属感。

（二）"我"的视角下的微观叙事

1. 微观叙事的多重构建

在《老》文中，"我"的个体视角下的微观叙事主要体现在对个体感受和内心活动的细腻描绘上。这种叙事方式是从以下几个方面构建的：

一是个体化的环境感知。"我"对环境有着独特的感知和体验，如文中对老山界夜晚寂静的描写，通过"我"的耳朵捕捉到"不可捉摸的声响"，展现了山林中夜晚的静谧与神秘。这种个体化的环境感知，使得读者能够身临其境地感受老山界的氛围。

二是内心活动的深入展现。"我"在行军中经历了各种情感波动，如疲惫、恐惧、坚持和希望等。这些内心活动通过"我"的视角得以展现，如文中描述"我"在寒冷中依然能够平心静气地欣赏眼前的美景，这反映了"我"内心的乐观与坚韧。

三是个体与集体的交织。尽管文中大量使用"我们"，但在涉及个体感受和情感时，"我"的视角是明显的。这种交织使用"我们"和"我"的方式，既展现了红军战士的集体行动，又突出了"我"作为个体的独特体验。

2. 微观叙事的意图指向

作者通过"我"的个体视角下的微观叙事，巧妙地达成了其写作目的——扩大红军在国内外的影响。具体来说，作者采用了以下策略：

一是塑造生动真实的人物形象。通过"我"的视角，作者成功塑造了一个生动真实的红军战士形象。这种个体化的叙事方式让读者能够感受到红军战士的鲜活和真实，从而增强了对红军的认同感和敬意。

二是传递红军的革命精神。"我"在文中展现的坚韧不拔、勇往直前和乐观向上的精神风貌，正是红军革命精神的体现。通过这种微观叙事，作者成功地将红军的革命精神传递给读者，激发了读者对红军的敬仰和支持。

三是引发国内外人士的共鸣。"我"的个体经历和内心活动很容易引发读者的共鸣。无论是国内还是国外的读者，都能通过"我"的视角感受到红军战士的艰辛与坚韧，从而产生对红军的同情和支持。这种情感上的共鸣有助于扩大红军在国内外的影响力。

需要特别注意的是，作者在叙事时，"我们"的集体视角与"我"的个体视角，不是孤立的，而是有机地融合在一起的。同样，"我们"视角下的宏大叙事和"我"的视角下的微观叙事也不是孤立的，也是有机融合在一起的。如此双重复式言语思维的运用，使得

"宏大的集体叙述中保留了个人的珍贵记忆,个人感知与声音并未淹没在长征的宏大叙述中"①。而且,"'我'的视角与'我们'的视角交错使用,既有个人真切的感受又有集体地表达更使读者了解这支具有乐观昂扬精神的部队是正义之师"②,从而使国内、国际社会更好地了解红军,了解长征,以达成扩大红军在国内外的影响、募集抗日经费的言语意图。

---

① 郭跃辉.从叙事角度解读《老山界》[J].语文建设,2021(2):44.
② 黄沼锋.从"我"及"我们"视角解读《老山界》意蕴[J].语文教学之友,2022,41(12):34.

唯美的诗性追寻
——朱自清《春》的言语思维解读

朱自清先生的《春》创作于1933年2月21日①,"最早发表的时间是1933年7月,最早发表的地点是中华书局印行的朱文叔编的《初中国文读本》第一册"②。通常情况下,入选教材的课文大都是已经公开发表的,在学术界有定评,且被社会各界广泛认可的文章,其创作之初大多没有固定指向的阅读对象;而《春》不太一样,它是一篇特定情境下的"应景文",是朱文叔"特约当时人撰写给中学生阅读的语体文"③。这便必然地注定了这篇散文具有下列特殊性:一是它有特定指向的阅读对象——中学生;二是它有明确的编写目的和写作目的,不仅考虑选文的文学性,更重视"民族精神之陶冶"和"现代文化之理解"。④ 特殊的写作背景,特殊的编写意图,再加上特

---

① 姜建,吴为公. 朱自清年谱 [M]. 北京:光明日报出版社,2010:110.
② 陈杰. 再谈《春》的出处和版本 [J]. 临沂师专学报(社会科学版),1989(1/2):45.
③ 陈杰. 再谈《春》的出处和版本 [J]. 临沂师专学报(社会科学版),1989(1/2):44.
④ 宋炳辉. 想象春天:朱自清散文《春》的另一种解读 [J]. 名作欣赏,2019(22):108.

殊的写作年代，使得人们在研究、解读《春》文时，最好能跳出当下的人文语境，从以下三个方面的问题入手：

问题一：应该在一个什么样的历史语境下解读朱自清的《春》？

我们知道，任何时代的作家，无论他有多么的伟大，他的创作都不可能凭空产生，也不会随意超越自然与历史。他必然会受到作家所处的历史语境、自身心境、人格理想以及他的学术思想、审美理想的影响。朱自清也不例外。

"1927年之后的朱自清面对祖国河山的满目疮痍，始终在寻觅着、营造着一个灵魂深处的理想世界——梦的世界，用以安放他'颇不宁静'的拳拳之心，抵御外面世界的纷扰，使他在幽闭的书斋中'独善其身'并成就他的治学。"① 就是在这样的内外境况下，朱文叔约他写一篇文章用于教育当时的中学生，这便必然地决定了朱自清在写作《春》文时，并"不只是作为大自然春天的新鲜、美好和生机盎然景象的描绘……而是赋予了作者强烈的情感，寄寓了作者对蓬勃的生命与青春的赞美和激励，对民族与国家未来的希望"②。很显然，朱自清先生是在"借'春'来表达作者的精神状态和人格理想"③。

问题二：朱自清先生在《春》文中，是用什么样的审美理想和审美形式来表达他的"精神状态"和"人格理想"的？

要想回答上述问题，需要先弄清楚两个小问题：

一是朱自清的语言追求是什么？朱先生的《春》诞生于20世纪30年代，那是一个从文言写作向白话写作迅速演变的"文学革命运

---

①③ 张政，陈清平.《春》的故乡在不在江南？[J].语文建设，2009（4）：28.

② 宋炳辉.想象春天：朱自清散文《春》的另一种解读[J].名作欣赏，2019（22）：109.

动"的特殊时期,他提出了"用笔如舌"①的"谈话风"②观点。这一观点,是"直接贯彻胡适的'有什么话,说什么话,话怎么说,就这么说'等'四条要求',是胡适语体革命的主张在朱自清个人创造实践中的具体实施"③。这在当下的人文语境下,似乎并没有太多的特殊之处,然而,在九十多年前,在那个特殊的时代背景下,朱自清先生不用文言,用白话,不用古白话,也不用市井商贩的粗鄙白话,而是用"用笔如舌"的生活之语,来追求现代古典主义,且取得了巨大成功,其历史意义与文学价值是无法估量的。

二是朱自清的审美追求是什么?在中国现代散文发展史上,"美文"④的概念最早由周作人在五四前后引入,并在创作实践中尝试成功,而朱自清"为奠定'美文'在现代文苑中的地位,作出了重要贡献"⑤。所不同的是,朱自清"原本就是一位诗人,是一位以文为诗的诗人"⑥,所以,他所实践和追寻的"美文"跟同时代的作家是有所区别的。他"是以诗人的感觉与诗体形式感去进行散文体式的

---

① "用笔如舌"的观点,见朱自清的《说话》,发表于1929年第26卷第6号的《小说月报》。他认为,"文章有能到这样境界的,简直当以说话论,不再是文章了,但这是怎样一个不易到的境界!"

② "谈话风"的观点见朱自清的《内地描写》,发表于1934年第1卷第5期的《太白》。他说,"这种谈话风的文章,正是我们所需要的",追求这种作风,作品才能像"寻常谈话一般,读了亲切有味"。

③ 吴周文,张王飞. 朱自清散文文体的独创性及特殊的"语言指纹"[J].江苏社会科学,2017(1):172.

④ 这里的"美文"是一个文艺学概念,《法汉词典》译为"纯文学",法文《拉鲁斯普通名词大词典》中的定义为"文学、修辞、诗歌艺术的总体"。这跟当前语境下的"美文"是不一样的。现在所说的"美文"是一个严重泛化的生活化用语,"好散文""好诗歌""好小说""好论文"都可以称"美文"。

⑤ 麦石安. 论朱自清散文的意境创造[J].中山大学学报(社会科学版),1996(5):97.

⑥ 吴周文,张王飞. 朱自清散文文体的独创性及特殊的"语言指纹"[J].江苏社会科学,2017(1):171.

创造的,他模糊着、消解着、浑溶着诗与散文的界限","读朱自清的艺术性散文总感到诗魂在舞蹈、诗韵在飘忽、诗情在蕴蓄"。①

可见,朱自清是用一种"用笔如舌"的"谈话风"的语言风格,用一种诗性化的"美文"形式来表达他的"精神状态"和"人格理想"的。

问题三:《春》文又是通过什么路径来实现他的审美理想的?

从积存文献的梳理来看,人们大多从写作内容、修辞手法,从"谈话风"的语言风格,或是从"诗性"的角度来研究《春》、解读《春》,且大都倾向于指向成品的结果性的研究。这样的研究无疑是非常重要、非常有价值的,尤其对于文艺理论研究者和美学研究者而言。然而,一线语文教师从其职业需求出发,他们不仅需要结果性的研究成果,更需要一种能展示其行文过程与方式的教学性解读。因为他们希望借助这样的研究,来确定教学内容、选择教学策略。具体到《春》文,人们希望弄明白朱自清先生究竟是运用什么样的言语思维策略表达了《春》文中"满贮着"的"那一种诗意"②,以及如何通过这样的"诗意"来展现"民族精神之陶冶"和"现代文化之理解"的。

下面,我们便尝试着从三个层面对《春》文唯美的诗性追寻展开论述。

一、诗性追寻:在多重渲染思维下

清人刘熙载在其文学理论专著《艺概》中有一段精彩的论述:

---

① 吴周文,张王飞.朱自清散文文体的独创性及特殊的"语言指纹"[J].江苏社会科学,2017(1):171.

② 郁达夫.《散文二集》导言//刘运峰.1917—1927中国新文学大系导言集[G].天津:天津人民出版社,2009:141.

"春之精神写不出,以草树写之。山之精神写不出,以烟霞写之。"这里的"以草树写之""以烟霞写之",实际上,便是用"草树""烟霞"这样的形象性的言语材料,来渲染"春之精神"和"山之精神",以生动形象地表达作者的写作意图。只不过,在实际写作过程中,作者所选择的"草树""烟霞"或是其他相关的人、事、物的言语材料,并不一定处在同一个层次上,而是呈现出一种局部多重性、整体多层次的立体化的渲染图景,尤其是当作者的心理因素、思想情感因素渗透其中时。朱自清的《春》便是采用了这样的言语思维策略。

(一)语篇层面的多重渲染

通常情况下,在语篇层面运用多重渲染的言语思维进行写作时,需要特别关注两点。其一,选择的材料是不是形象性的言语材料。如果不是,就谈不上诗性追寻了,只能指向实用价值,写成一篇实用文;如果是,才能谈得上诗性追寻,因为只有形象化的言语材料,才有可能指向情感的审美价值,才有可能被塑造成具有特定审美理想与审美人格的诗性化的文学作品。其二,即便是形象化的言语材料,如果一味地平铺直叙、罗列现象,也有写成流水账的危险。而一旦成了流水账,连文学作品都谈不上,又何来的诗性追寻呢!所以,还要力避简单地现象罗列。

朱自清为了把"春"这个抽象概念表达得更具体、更详细、更生动,采用了两个层次的渲染。第一层次:"盼春""绘春""颂春"。第二层次:"盼春"的"盼""来""近";"绘春"的"总括""春草图""春花图""春风图""春雨图""迎春图";"颂春"的三个比喻"新""美""力"。具体参见"图一":

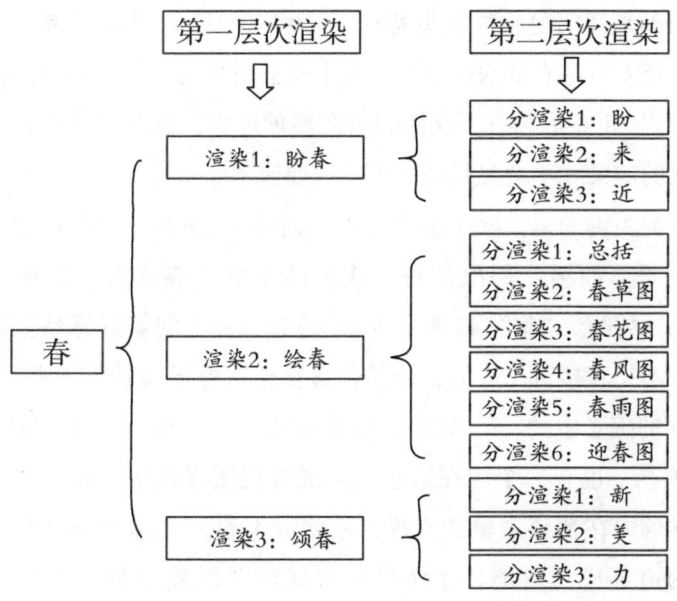

图一

从作者选择的材料来看，无论是第一层次渲染的"盼春""绘春""颂春"，抑或是第二层次渲染的"春草""春花""春风"等，都是一些形象化的言语材料，这为进一步地指向情感的审美价值的诗性追寻，继而表达作者的"精神状态"和"人格理想"打下了基础。不过，正如上文所说，这些渲染性的言语材料不能简单地罗列、平铺直叙，不然，是会有写成流水账的危险的。

朱自清先生是一位散文大家，很显然，他敏锐地注意到了这一点。他在写作《春》文时，不是随意地选择言语材料，而是让这些言语材料呈现出一定的内在事理逻辑，即从纵线上循着"春"的时令节气线展开，这样写出来的文章，就不会是流水账了。具体来说，第一自然段的"盼春貌"展示的是大寒过后，立春临近时令的情景；第二自然段的"迎春貌"展示的是立春至雨水节令的早春景色；第三自然段的"春草貌"展示了雨水惊蛰时令的情景；第四自然段的"春花貌"展示的是春分之际万紫千红的情状；第五自然段的"春风貌"描写的是清明前后的农事特征;第六自然段的"春雨貌"描写的是谷雨至立夏暮春的农忙景致;第七自然段描写的则是春暮夏临期间的事情。① 正是因为有了这样的内在事理逻辑,看似平铺直叙、罗列现象式的渲染才不会显得那么单调,像流水账一样。

而更为关键的是,除了事理逻辑,《春》文还有一种内在的情感逻辑作支撑。如第二层次的每一次分渲染都"渗透着一种属于他(笔者注:这里的"他"指朱自清。)的对于春天的美好感情。而这种感情,不是直接讲出来的,而是包含在他对春天的景色(草、树、风、雨)的感受中的"②。如第一层次渲染,从"盼春"到"绘春"再到"颂春"也有一个内在情感的发展过程镶嵌其中。而正是因为有了这样的内在情感逻辑的支撑,才使得《春》文指向诗性化的审美价值的追寻成为可能,才使得作者展现"民族精神之陶冶"和"现代文化之理解"成为可能。

(二)语段层面的多重渲染

《春》文在语段层面,也大多采用多重渲染的言语思维策略展开。下面我们以第五自然段的"春风图"为例,试作阐述。

第五自然段同样采用了两个层次的渲染。第一层次从"触觉""味觉"和"听觉"这三个维度来渲染春天的美好。而第二层次则分别从"杨柳风"和"抚摸"来渲染春风"触觉"的美好;从"泥土气息""青草味儿"和"花香"这三个方面渲染春风"味觉"的美好;从"鸟声"和"笛声"这两个方面渲染春风"听觉"上的美好。(具体参见"图二")

---

① 徐宏声.《春》的时令节气线 [J].语文月刊,1983(10):34-35.
② 孙绍振.春天的两种不同的散文美:读朱自清的《春》和林斤澜的《春风》[J].语文学习,2006(1):29.

唯美的诗性追寻

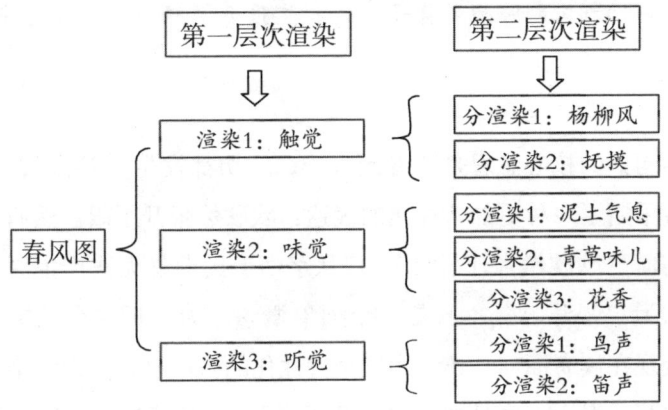

图二

需要注意的是，在语段层面，朱自清先生并不是简单地渲染春风的美好和对春天充满了希望，而是有意地将"诗歌'诗中有画''画中有诗'的美学诉求，移用、借鉴到散文中来"，"把文字的绘画与诗情的蕴藉交融为隽永的意境"，"创造了现代散文史上独树一帜的、特具诗性的'诗画'体"。① 如"鸟儿将窠巢安在繁花嫩叶当中……呼朋引伴地卖弄清脆的喉咙"，不正是一幅"好鸟枝头亦朋友，落花水面皆文章"（翁森语）的诗画？那"牛背上牧童的短笛，这时候也成天在嘹亮地响"，不也是"牧童归去横牛背，短笛无腔信口吹"（雷震语）的再现？像这样，在语段中用多重渲染的言语思维进行诗性营造和追寻的还有很多，这里就不一一赘述了。

（三）语句层面的多重渲染

从更小的语句层面来看，作者也多是运用多重渲染的言语思维展开的，且努力进行一种诗性化的表达。如课文的第二自然段：

---

① 吴周文，张王飞. 朱自清散文文体的独创性及特殊的"语言指纹"[J]. 江苏社会科学，2017（1）：170.

散文可以这样读

> 一切都像刚睡醒的样子，欣欣然张开了眼。山朗润起来了，水涨起来了，太阳的脸红起来了。

这两句话的核心意思是"春天来了，一切都发生了变化"，只不过，作者采用了一种更加诗性化的表达：欣欣然张开了眼。然而，春天到底如何"欣欣然张开了眼"，仅从字面上读者是无法产生深切感受的，因为"张开眼"本身是一个抽象概念。为了把这个抽象概念形象地展现在读者面前，作者用三个诗性化的画面进行多重渲染，不但解释清楚了春天到底是如何"张开了眼"，更是营造了一种充满诗情画意的意境。尤其是，当我们从原文的角度来考量《春》时，就更是如此了。

原来，朱先生的《春》选入统编教材时是被改编过的。"水涨起来了"中的"涨"，原文中其实是"长"。表面上看，"长"与"涨"的意思差不多，都是指"水位上升"，但是，当我们联系前文"东风来了，春天的脚步近了"，再来看这两句话，就不一样了。"原来这五个短句全是用的拟人手法，'长'是人格化，而'涨'只不过是写实而已。'涨'虽也讲得通，但它破坏了排比的几个短句在修辞手法上的一致性，所以修改的'涨'较之原文的'长'逊色多了。"[①] 而且，从作者诗性化"美文"追求来看，"山朗润起来了"和"太阳的脸红起来了"是一个充满诗情画意的画面，而"水涨起来了"只是一个客观事实的陈述，两种描述放在一起显然是不合适的。事实上，原文中把"朗润""脸红"和"长"组合在一起，形成一种更为浓厚的多重渲染的诗性化意境，《春》文的"美文"属性得到充分的彰显。

回到刚才的话题上来，从更小的语句层面来看，《春》文中像这

---

① 戎椿年. 语文教材应采用《春》的原文. 北京师范大学学报[J]. 1989 (2)：111.

样运用多重渲染的言语思维行文，且努力进行一种诗性化表达的描述还有很多。如第四自然段的"红的像火，粉的像霞，白的像雪"，第一自然段的"盼望着，盼望着"。这里不再展开论述了。

二、诗性追寻：在抒情性具象思维下

朱自清的早期散文追求"自然、冲淡、中正、和平、温和、滋润、矜持、虚静"的理想境界，"追求古典诗词中婉约派的美学风格"，"并以此建立他观照并表现世界的审美理想"，即"温柔敦厚"。[①] 这是一种充满诗性的审美理想，它的建立跟朱自清先生在其早期散文中运用抒情性具象思维进行写作是分不开的。

通常来说，人们在使用语言的过程中，根据用途的不同，或者追求实用价值，或者追求审美价值。追求实用价值的，大多采用一种事实陈述性的表达；追求审美价值的，大多采用一种情感抒发性的表达。用抒情性的具象思维进行写作，就是一种情感抒发性的表达，追求的便是诗性化的审美价值。

比如，《春》文第三自然段中的一句话：

小草偷偷地从土里钻出来，嫩嫩的，绿绿的。

这里的"钻"字很有意味。如果换成"冒""生长"等词语，只是表达了小草从土里长出来这个客观事实，且是一种抽象概念式的事实，本身没有任何情感，这显然是一种事实陈述性的表达，追求的是实用价值。这样的表达跟朱自清先生所追求的审美理想——"温柔敦厚"的诗性化的美学理想相去甚远，而不被朱先生所取。但是"钻"就不一样了，这是一种具象化的表达，它"形象地写出了小草

---

① 吴周文. 诗教理想与人格理想的互融：论朱自清散文的美学风格 [J]. 文学评论，1993（3）：139–140.

散文可以这样读

在春天里像钉子一样突破了板结的土地抽芽生长的动态,生动地表现了小草所蕴藏着的巨大的生命力。同时,还隐含着这样一层意思:春天里自然界一切有生命的东西所孕育着的潜力是锐不可挡的"①。可见,"钻"字跟平常用的"冒""生长"等词语是不一样的,朱先生有意使用具象思维,赋予其特定的思想、情感,很显然,这是一种情感抒发性的表达,追求的是一种诗性化的审美价值。

这里的"偷偷地"也是一种具象化的情感抒发性的表达,追求的也是一种诗性化的审美价值。如果把"偷偷地"换成"静静地""悄无声息地"等词语,从字面意义上讲,当然也可以。但是,这同样是一种事实陈述性的表达,且是一种抽象的概念化的表达,追求的是实用价值,因此不符合朱自清的审美理想。而用"偷偷地"就很不一样了。这里运用了一种"贬词褒用"的陌生化的手法,把那种"狡黠地瞒着人而不知不觉"的形象,把那种"满国春色关不住"的意味,具象化地展现在读者面前。②它"透露出一种无言的喜悦,喜悦春天来了,同时喜悦自己的喜悦"③。而这,显然不是"静静地""悄无声息地"等词语所能涵盖的。

同样道理,"花下成千成百的蜜蜂嗡嗡地闹着,大小的蝴蝶飞来飞去"中的"闹"字,也是一种诗性化的具象思维表达。它的基本意思是说,成千成百的蜜蜂在花下飞来飞去时发出了嗡嗡的声音。如果这样表达的话,那就没有太大意义了,因为这是一种概念性的事实陈述性的表达。而"闹"字就不一样了,它在表达出蜜蜂发出声音的同时,还具象化地表达了蜜蜂在鲜花丛中采蜜时极为忙碌的情态。而这必然渗透了作者的情感指向。

---

①② 蒋荫楠,严迪昌. 朱自清散文的语言艺术[M]. 福州:福建教育出版社,1988:126.
③ 孙绍振. 春天的两种不同的散文美:读朱自清的《春》和林斤澜的《春风》[J]. 语文学习,2006(1):29.

"树叶子却绿得发亮,小草也青得逼你的眼"的"逼"字也是相同的用法,它表达出小草的颜色很绿之外,还更有一种绿得"靠近、逼迫甚或给人以威胁的意思","逼"字之所以如此的"动态跃然,逼真传神"①,其实,也是因为作者运用了诗性化的具象思维,运用了情感抒情性的表达。课文中像这样的诗性化表达还有很多,可细细体味。

三、诗性追寻:在认知性相似思维下

朱自清对于比喻有两个十分重要的观点,一是认为"比喻是文学的重要的一部分"②,所以他的早期散文很喜欢用比喻,且也的确用得极好;二是认为比喻的"来源有二:改变旧的,或创造新的"③。后世的现当代文学的学者们和广大的文学爱好者们,对此进行了细致而深入的研究,并取得了丰硕的研究成果。不过,已有的研究成果大多是从修辞学的角度来展开的,其实,或许还可以换一个思路,从认知的角度来研究。

战国时期的哲学家惠施认为,所谓比喻是"以其所知喻其所不知";近代学者对比喻也有深刻的理解,认为比喻"是最有效、最基本的认知运作,它让我们在打比喻时灵光一闪之间对事物达到一种新的洞识,从已知进入到未知、将不可知变成可知"④,是"我们日常生活中必不可少的一种认知手段或机制"⑤。

这些论述为我们打开了一扇窗,对于研究朱自清散文的文学价值

---

① 蒋荫楠,严迪昌. 朱自清散文的语言艺术 [M]. 福州:福建教育出版社,1988:127.

②③ 朱乔森. 朱自清全集(第八卷) [M]. 南京:江苏教育出版社,1993:356.

④ [加拿大]高辛勇. 修辞学与文学阅读 [M]. 北京:北京大学出版社,1997:15.

⑤ 刘福元. 朱自清的比喻理论与实践 [J]. 修辞学习,1999(2):9.

无疑是大有助益的。只是，这些论述大多是基于实用价值的知识性的认知研究，我们还需要在此基础上，再向前走一步，从情感的审美性认知的角度，从更为根本的言语思维的角度展开。

我们知道，从言语思维角度来看，比喻这一修辞手法的底层逻辑是相似思维。在文学创作中，运用相似思维把"喻体"打比方成"本体"，不仅能使读者对本体有一个深刻的知识性认知，且能使读者从情感的角度，对本体产生更深的审美性认知。具体到朱自清的早期散文，则是一种诗性化的审美认知。比如，课文第四自然段中有一段话：

> 野花遍地是：杂样儿，有名字的，没名字的，散在草丛里，像眼睛，像星星，还眨呀眨的。

这段话中的"像眼睛，像星星，还眨呀眨的"这个比喻句的本体是"野花"，喻体是"眼睛"和"星星"。从知识性的事实认知的角度来看，作者这样写，意在通过打比方来引导读者认知作者眼里的野花究竟是一种什么样的野花。首先，这是阳光下的野花，不然，不会像眼睛、像星星一样亮；其次，这是轻风中的野花，不然，就不会摇摇摆摆，当然，也就谈不上像眼睛、像星星一样眨呀眨的。而更为关键的是这两个比喻有互补的作用："眼睛和星星都有'眨呀眨的'共性，但是，眼睛没有星罗棋布的特点，不能照应'遍地'，星星又无眉目传情的妙处，两者一结合，真是把野花写活了。"[①] 这样一比喻就把野花写活了，写准确了，读者对其也就有了更加准确的认知。当然，这跟一般的纯知识性的认知还是不太一样的，是借助"眼睛"和"星星"这两个具象化的形象来认知"野花"。

---

① 洪宗礼. 义务教育教科书语文教学参考书七年级（上册）[M]. 南京：江苏凤凰教育出版社，2016：229.

不过，如果从情感性的审美认知的角度来看，就不一样了。如此众多——"遍地"，如此种类丰富——"杂样儿"的野花，在阳光沐浴和微风轻抚下，如此的闪烁明亮、逗人喜欢，这便把作者的情感投射其中了。而更为关键的是，《春》写于20世纪30年代，那时的祖国河山满目疮痍，作者还如此热情地赞美春花，继而赞美春天勃发的生命力，其实是在表达对春天、对生活的热爱之情的同时，更多地表达对民族与国家未来的希望，是借"春"来表达自己的精神状态和人格理想。所以，这更是一种指向审美的诗性化的认知。当然，这样的情感的审美价值是渗透在《春》文的每一个角落的，并不单指这两个比喻。

再比如，《春》的第六自然段中的一处比喻句：

看，像牛毛，像花针，像细丝，密密地斜织着，人家屋顶上全笼着一层薄烟。

"像牛毛，像花针，像细丝，密密地斜织着"这个比喻句的本体是"春雨"，喻体是"牛毛""花针"和"细丝"。从知识性的事实认知的角度来看，作者这样写，是为了让读者对"春雨"有个准确的认知，即"牛毛多而细密，花针亮而闪烁，细丝柔而绵长，这三个比喻表现了春雨细密、闪烁、绵长的特点"[①]。当然，这也不是普通的纯知识性的客观认知，而是一种借助具象化的形象进行表达的诗性化的认知。

如果从情感性的审美认知的角度来看，尤其是跟后面一句话结合起来理解，这三个比喻句实际上展现的是春雨细密迷蒙的意境，作者对春雨，继而对春的喜欢之情，对民族与国家未来的希望跃然纸上。

[①] 洪宗礼. 义务教育教科书语文教学参考书七年级（上册）[M]. 南京：江苏凤凰教育出版社，2016：230.

所以，这也不仅仅是修辞层面的博喻，而是表达了作者特殊的精神状态和人格理想的诗性追寻。《春》文中像这样的比喻还有很多，大多可以从这两个层面来解读。

　　当然，《春》文不是白璧无瑕，毫无局限的。比如课文的最后一句话是否恰当，《春》文的描写对象是否过于泛化，而缺少个性化的情感色彩，等等，这些都值得商榷。

双重笔触的美学融合
——端木蕻良《土地的誓言》的言语思维解读

现代作家端木蕻良的《土地的誓言》（下称"《土》文"），是一篇著名的抒情散文，创作于九一八事变十周年之际。该文不仅深刻表达了作者对国土沦丧的沉痛之情和对故土的深切眷恋，洋溢着强烈的爱国主义情怀，还凭借其独特的抒情手法，如倾诉式、景物描绘式、语言重复式以及排比式等，深深触动了读者的心弦。然而，这一切都隐含在端木蕻良式的独特的言语形式和美学思想之中，仅从表面文字是难以窥见的。为了深入理解和感悟这篇文章，我们需要借助一些解读工具，并将它置身于宏大的时代背景、广阔的文学史背景以及端木蕻良的个人成长史中进行深入解读。

端木蕻良作为东北流亡作家群的重要成员，他的创作跟这个群体的集体意识与思维紧密相连。这个作家群以独特的群体姿态出现在20世纪30年代中期，给当时的文坛带来强烈震荡。他们首次将作家的心血，与东北广袤的黑土，铁蹄下的不屈人民、茂草、高粱等紧密结合在一起，开了抗日文学的先声。① 他们的作品以强烈的爱国主义

---

① 吴福辉. 东北作家群与端木蕻良//人民教育出版社课程教材研究所中学语文课程教材研究开发中心. 义务教育教科书教师教学用书语文七年级下册[M]. 北京：人民教育出版社，2017：95.

情怀为基调,将作家的情感跟东北的自然景观和人文景观交织在一起,真实而具体地展示了日寇的暴行、人民的屈辱和铁蹄下的抗争。

这个群体的创作呈现出了苍凉悲壮的时代风格和强悍粗犷的艺术特色。[1] 端木蕻良的作品在其中无疑具有独特的地位。他的作品展现出"双重笔触",并由此呈现出"粗、重、大"和"轻、细、小"两种迥异的创作风格,这一直是学术界感兴趣的话题。这种与众不同的气质与风格源于端木蕻良特殊的家庭背景和个人经历。一方面,大草原的空旷与寂寞、母亲的郁悒以及走向没落的士大夫的大家族生活熏陶了他细腻与善感的本性和彻骨的忧郁;另一方面,父辈传下来的莽原子民的奔放与剽悍又赋予了他拯救天下苍生的英雄梦。[2]

然而,仅仅置身于上述背景中是不够的,还是不能深入、透彻地理解《土》文中端木蕻良式的言语形式与美学思想,即双重笔触的美学融合,还需要借助一个合适的解读工具才行。

我们以为,这个有效的解读工具便是言语思维。端木蕻良在《土》文中大量且巧妙地运用了两种截然不同的笔触,这两种笔触的交织与映衬无疑会形成鲜明的对比,而对比本质上是一种指向审美的言语思维方式。当这两种特殊的言语表达方式相互作用时,它们便共同构建出一种独特的、属于端木蕻良的美学风貌。因此,从言语思维的角度出发去解读,有助于我们更好地理解《土》文的深层含义,感受其蕴含的丰富的美学价值,更全面地领略端木蕻良式的独特的美学魅力。

一、宏大与个人化并存

《土》文的双重笔触首先体现在"宏大叙事"与"个人化叙事"

---

[1] 颜浩. 那片土地,那些记忆:《土地的誓言》解读[J]. 语文建设, 2003 (9): 22.

[2] 颜浩. 那片土地,那些记忆:《土地的誓言》解读[J]. 语文建设, 2003 (9): 23.

并存的对比言语思维中,体现在如何于宏大的主题(如民族、国家、历史等)中巧妙融入个人情感和体验的书写中。为了避免内容上的交叉,这里尽量不涉及具体的叙述手法或风格特征,以确保与下文"粗犷与阴柔相济"的对比言语思维和"历史与现实交织"的对比言语思维的讨论保持清晰的界限。

(一)宏大叙事:铺展历史风云

端木蕻良对土地"始终怀着一种与生俱来的宿命感和宗教意识"[①],它把"土地看成自己的命脉和根基"[②],在他看来"泥土的气息和稻草的气息"[③]永远徘徊在面前。所以,他常常用土地来构建文本的基本叙事框架,使之成为其思想表达的核心。[④] 正因为如此,端木蕻良的作品往往以其深邃的历史洞察力和强烈的情感共鸣,为人们铺展出一幅波澜壮阔的历史画卷。

1. 对历史背景的深刻描绘

《土》文开篇即以九一八事变为隐性线索,将读者带入一个特定的历史时期。尽管文章并未直接叙述历史事件的具体过程,但通过对土地,即故乡关东原野景象的细致刻画,还是使人们强烈感受到那个时代特有的历史氛围。作者用文字构建了一个充满历史沧桑感的关东原野,那里有"参天碧绿的白桦林",有"红布似的高粱",还有"金黄的豆粒",这不仅是对故乡风光的赞美,更是对那段历史时期

---

①② 颜浩. 那片土地,那些记忆——《土地的誓言》解读[J]. 语文建设,2003(9):22.

③ 端木蕻良. 我的创作经验//人民教育出版社课程教材研究所中学语文课程教材研究开发中心. 义务教育教科书教师教学用书语文七年级下册[M]. 北京:人民教育出版社,2017:95.

④ 陈淼鑫,张羽华.《土地的誓言》:构筑自我的情感诗学世界[J]. 湖北第二师范学院学报,2023,40(6):20.

的社会现实的隐喻。它们象征着关东人民的坚韧与不屈,也暗示着那个时代的苦难与抗争。

在描绘自然景象的同时,作者还巧妙地融入了历史事件的间接提及。他通过"蒙古狗深夜的嗥鸣""皮鞭滚落在山涧里的脆响"等意象,营造出一种紧张而压抑的氛围,使读者仿佛听到了那个时代的战火硝烟声。这些隐晦的提及不仅增强了文章的历史感,也引发了读者对那段历史的深刻思考。

2. 对宏大主题的深情抒发

《土》文的宏大叙事,不仅在于深刻描绘了历史背景,更在于其对宏大主题的深情抒发与深入探讨。整篇文章紧紧围绕着对故乡的热爱与对民族的忠诚这一核心主题,通过一系列富有象征意义的意象和深情饱满的语言,将作者对故乡的深深眷恋和对民族的坚定信念展现得淋漓尽致。

作者多次使用"没有人能够忘记她"等情感强烈的语言,深情地传达了作者对故乡的不可割舍之情和对民族命运的深切关怀。这种将个人的情感与民族的命运紧密相连情感的流露,展现了一种宏大的家国情怀。他把对故乡的热爱升华至对民族、对国家忠诚的高度,使得整篇文章洋溢着浓厚的爱国主义情怀,使读者在感受到作者深情的同时,也感受到了那份对民族的热爱与责任。

同时,作者还通过对故乡自然景象的细腻描绘,深情地抒发了自己对民族未来的美好憧憬。他笔下的故乡,不仅仅是一片土地,更是一种精神的寄托,一种对美好未来的向往。

(二)个人化叙事:洞悉情感细流

《土》文不仅宏大地铺展了历史风云,更细腻地描绘了个体的情感体验,彰显了作者深厚的情感积淀与对人性的深邃洞察。

1. 细腻的情感抒发

《土》文的个人化叙事，首先是从意象的转换开始的。作者从东北地区选取的意象主要是"普遍意象"，如白桦林、白桦树、蒙古狗等。它们展现了故乡独特的景观和丰饶的物产。借助这些意象，故乡的轮廓逐渐清晰。而第二自然段中呈现的意象为蚱蜢、镐头、柳条等，这是一些更加具体、细腻，且带有个人情感色彩的"具体意象"。"我们可以感知到作者个体回忆中意义的变化：从东北地区普遍意象到童年的个体回忆中的具体意象。意象的变化反映着意脉的曲折，意象的逐渐缩小与清晰使作者表达的情感越来越个人化，'我'与故乡的情感距离也慢慢拉近。"[①]

作者以第一人称的叙述视角，把自己对故乡的深情厚谊娓娓道来，使得读者能够直接感受到作者内心的情感波动。他通过细腻的笔触，描绘了自己对故乡的深切思念和无尽眷恋，使得这种情感变得真实可感、触手可及。

2. 内心世界的深度剖析

在《土》文中，作者多次表达了自己对故乡的复杂情感：既有对故乡美好回忆的留恋和怀念，又有对故乡现状的忧虑和不安。他还通过对自己内心矛盾和挣扎的描绘，展现了一个真实、立体的个体形象。他写道："我必须回去，我从来没想过离开她。这种声音是不可阻止的，是不能选择的。"这句话既表达了他对故乡的深深眷恋和不可割舍之情，也透露出他内心的无奈和挣扎。这种内心世界的深度剖析增强了文章的感染力和共鸣力，让读者更加深入地了解了作者的情感世界。

---

① 李瑶. 一次灵魂归乡的旅程：《土地的誓言》意脉分析[J]. 语文教学通讯，2024（11）：75.

3. 个人情感的升华与超越

《土》文中的个人化叙事并不止于对个体情感的细腻描绘和内心世界的深度剖析，还表现在个人情感的升华与超越上。作者将自己的个人情感融入更广阔的历史背景和社会现实，将个人情感与民族、国家命运紧密结合。他写道："我必定为她而战斗到底。"这句话不仅表达了他对故乡的坚定信念和奋斗精神，也体现了他对民族、对国家的责任感和使命感，实现了个人情感的升华与超越。

同时，作者还通过对未来美好愿景的描绘，表达了自己对民族未来的殷切期望和坚定信念。他写道："我必须看见一个更美丽的故乡出现在我的面前——或者我的坟前。"这种对未来的期许和信念不仅让他的文章充满了希望和力量，也赋予了它超越时代的价值和意义。

（三）宏大与个人化并蓄：双重乐章交响

《土》文中，宏大叙事与个人化叙事，并不是彼此独立、毫不相干的，而是在一种对比言语思维中精妙并蓄在一起，如同一首交织着磅礴与细腻的交响乐，激荡着读者的心灵。这篇文章在广阔的历史背景下展开宏大叙事，深入探讨了民族、国家、历史等宏大主题，与此同时又细腻刻画了人物的个人情感，使得文章在展现思想性和社会性的同时，也贴近人心，具有强大的感染力。

1. 宏大主题与个人情感的交融

文章的宏大主题，如民族的苦难与抗争、国家的兴亡与复兴，构成了其深邃的思想基调。然而，作者并未止步于对这些宏大主题的简单陈述，而是巧妙地运用了对比言语思维，将它们与个人的情感体验紧密相连，使得这些原本可能显得空洞的口号或概念变得具体而生动。

他深情地描绘故乡,不仅展现了个人的情感世界,更将这些情感融入对民族、对国家的深刻思考。记忆中故乡的参天白桦林、奔流的马群、红布似的高粱等美好事物,与那个时代民族的苦难与抗争形成了鲜明的对比。这种将宏大主题与个人情感相对比又相融合的言语思维,赋予了文章在表达思想性时以更深的层次和更强的力度,极大地增加了读者阅读的共鸣。

2. 个人经历与集体记忆的共鸣

作者在《土》文中不仅深情地抒发了对故乡的深厚情感,还巧妙地通过个人的独特经历触及了集体的共同记忆。他生动地回忆起在故乡土地上的点点滴滴,如"在那田垄里埋葬过我的欢笑,在那稻棵上我捉过蚱蜢",这些细腻的个人经历不仅清晰地勾勒出了他个人的成长轨迹,更在不经意间唤起了读者内心深处对于集体记忆的强烈共鸣。

透过这些看似平凡却充满情感的个人经历,读者能够深刻地感受到民族的坚韧与不屈、人民的勤劳与智慧。这种将个人经历与集体记忆相对比又巧妙融合的言语思维,不仅极大地加深了读者对《土》文的认同感和亲切感,也使得《土》文在展现宏大主题时更加具有说服力和感染力,让读者在共鸣中深刻体会到《土》文所传达的深刻内涵。

3. 历史背景与个人命运的交织

在《土》文中,历史的大背景与个人的小命运形成了鲜明的对比。一方面,历史的大背景如同辽阔的天地,波澜壮阔,充满着无尽的变迁与可能性;另一方面,个人的小命运则像是这片广阔天地中的一粒沙砾,微小却独特,承载着个人的喜怒哀乐。文章隐晦地将九一八事变作为叙事轴线,历史长河中的惊涛骇浪,与每一个如一叶扁舟般的个体形象相互映衬,一大一小,一强一弱,在作者的笔下却和谐共存，共同编织出一幅壮美的画卷。

主人公对故乡的眷恋与对民族的忧虑，在历史的风起云涌中得到了强化。他的誓言——我必将为她战斗到最后一刻，在历史的宏大背景下，显得尤为坚定和有力。这种对比不仅凸显了个体在历史洪流中的坚韧与抗争，也使得整篇文章在呈现历史感的同时，充满了现实的张力与紧迫感。

二、粗犷与阴柔相济

上文，我们深入探讨了《土》文如何在宏大的主题背景下细腻地展现了个人的情感与体验，使得文章既具有深厚的底蕴，又充满了人性的温度。接下来，我们将视角转向文章风格的探讨，聚焦"粗犷与阴柔相济"这一独特的美学现象。在这里，"粗犷"不仅仅代表着语言或情感的强烈与直接，它更像是一股不可阻挡的力量，冲击着读者的心灵；而"阴柔"则以其细腻、内敛的表达，缓缓流淌，渗透进每一道情感缝隙。这两种看似对立的风格，在文章中却因为对比言语思维的巧妙运用而找到了完美的平衡点，它们相互交织，使得文章散发出独特魅力。

（一）粗犷之力：直击心灵的刚硬笔触

端木蕻良的母亲因长相俊美被其父亲强娶为妻，作为家中老幺，作者深得母亲疼爱。自年少时起，母亲便向他讲述自己的不公遭遇，这让他从幼时便对母亲的经历耿耿于怀。端木蕻良对旷野土地的情感，很大程度上源自土地人性的化身——他的母亲，这使得他在写作时对土地的情感更加浓郁深情。当这种深情眷恋遭遇外力破坏时，他的情感又转向激昂、豪放。① 这种情感的转变，在《土》文中得到了

---

① 袁继平.游子与旷野的诗学：《土地的誓言》解读［J］.中学语文，2022（26）：59.

充分体现。作者以其粗犷而有力的笔触,勾勒出一幅幅生动而震撼的关东原野画卷,让读者在字里行间感受到一种直击心灵的刚硬笔触。这种粗犷风格不仅体现在语言的直接性上,更渗透于情感的强烈表达与意象的生动构建之中。

1. 语言的直接性:不加雕饰的力量

《土》文的语言风格极为鲜明,它摒弃了繁复的修辞与华丽的辞藻,转而采用直接而质朴的表达方式,将作者对故乡的深情厚谊淋漓尽致地展现出来。开篇即言:"对于广大的关东原野,我心里怀着挚痛的热爱。"这句话如同一把锋利的刀,直接剖开了作者内心的情感世界,让读者瞬间感受到那份深沉而炽热的爱。随后,作者通过一系列短促有力的句子,如"我无时无刻不听见她呼唤我的名字,无时无刻不听见她召唤我回去",进一步强化了这种情感的直接性,使读者仿佛能听到作者内心的呼唤,感受到那份无法割舍的乡愁。

2. 情感的强烈性:燃烧于心的火焰

在《土》文中,作者的情感如同烈火般燃烧,无法遏制,也无法掩饰。他毫不吝啬地表达了对故乡的思念与热爱,这种情感之强烈,几乎要溢出纸面,直击读者的心灵。作者通过"我必须回去,我从来没想过离开她"这样的直接陈述,表达了自己对故乡的坚定信念与执着追求。他甚至在梦中也无法摆脱这份情感的纠缠,如"即使我睡得很沉,或者在睡梦中突然惊醒的时候,我都会突然想到是我应该回去的时候了"。这种近乎偏执的执念,正是作者情感强烈与直接的最好证明。它让读者感受到一种无法抗拒的力量,仿佛也被这股力量所牵引,一同回到了那片魂牵梦绕的土地。

3. 意象的粗犷性:生动而震撼的画面

作者在《土》文中运用了大量的意象来构建自己的情感世界,

这些意象往往具有粗犷而生动的特点。他笔下的关东原野，是一片充满生命力与野性的土地。参天碧绿的白桦林、奔流似的马群、红布似的高粱、金黄的豆粒……这些意象不仅勾勒出了关东原野的壮丽景象，也寓意着作者内心世界的丰富与复杂。特别是那些带有强烈动感的意象，如"皮鞭滚落在山涧里的脆响""狐仙姑深夜的谰语""原野上怪诞的狂风"，它们以粗犷的笔触，描绘出了一种原始而野性的美，让读者仿佛置身于那片广袤无垠的土地之上，感受到那份来自大自然的震撼与力量。

4. 粗犷之力的综合体现

在《土》文中，粗犷之力不仅体现在语言的直接性、情感的强烈性以及意象的粗犷性上，更在于这三者之间的有机融合与相互映衬。作者通过直接而质朴的语言，将内心深处的情感毫无保留地倾泻而出；同时，他又巧妙地运用粗犷而生动的意象，将这些情感具象化、视觉化，使读者能够在脑海中形成一幅幅生动而震撼的画面。这种粗犷之力的综合体现，不仅增强了文章的感染力与表现力，也让读者在阅读过程中获得了一种独特的审美体验。

（二）阴柔之韵：细腻内敛的情感流淌

端木蕻良亲身经历了一个大家族的兴衰变迁，这段经历使他更加深刻地理解了东北土地上的精神内涵。同时，东北大宅式深闺居养，也为他的心灵蒙上了一层忧郁的纱幕。这种由多重因素复合而成的阴郁特质，赋予了端木蕻良极为细腻的描绘手法。[①]

《土》文尽管整体情感基调深沉且饱含激情，但字里行间流露出细腻内敛的情感，形成了一种独特的阴柔之韵。这种阴柔之美，并不

---

① 袁继平. 游子与旷野的诗学：《土地的誓言》解读［J］. 中学语文，2022（26）：59.

与粗犷之力相冲突，它是对比言语思维的重要组成部分。它们相辅相成，共同构建了文章丰富的情感层次与细腻入微的艺术表达。

1. 语言的细腻性：温柔而深情的笔触

《土》文不仅运用了直接有力的语言表达对故乡的热爱与思念，更以细腻温婉的笔触，勾勒出一幅幅细腻的情感画面。例如，"我想起那参天碧绿的白桦林，标直漂亮的白桦树在原野上呻吟"，这里的"呻吟"一词，看似粗犷，实则蕴含了作者对自然美景的深情凝视与细腻感知，透过它仿佛能听见白桦树在风中的低语，感受到它们生命力的细微波动。又如，"我想起红布似的高粱，金黄的豆粒，黑色的土地"，这些色彩鲜明的意象，通过细腻的语言描绘，不仅展现了关东原野的丰饶与美丽，更透露出作者对故乡每一寸土地的深情眷恋。

2. 情感的深刻性：内敛而深沉的思绪

《土》文中的情感，不仅仅是表面的热烈与激昂，更有深藏于心的内敛与深沉。作者通过细腻的表达，将自己对故乡的复杂情感层层剖析，展现出一种难以言喻的深刻性。他写道："我的心还在喷涌着血液吧，因为我常常感到它在泛滥着一种热情。"这里的"喷涌"与"泛滥"，不仅是对热情的直接描绘，更是作者内心情感汹涌澎湃的象征，它较之"澎湃""涌动"等词语更多了几分野性和难以驾驭的力量。而随后的"当我……当我……或者当我……我想起……我看见……听见……我想起……我想起"，则将这种热情具体化、情感化，让读者能够感受到作者内心深处那份难以遏制的思乡之情。

3. 意象的温婉性：柔美而和谐的画面

《土》文中，作者不仅运用了粗犷而生动的意象来构建情感世界，还巧妙地融入了温婉柔美的元素，营造出一种和谐而宁静的画面。例如,"春天,东风吹起的时候,土壤的香气便在田野里飘起。河流浅浅地流过,柳条像一阵烟雨似的窜出来,空气里都有一种欢喜的声音。"这里的"东风吹起""土壤的香气""河流浅浅地流过"以及"柳条像一阵烟雨似的窜出来",共同构成了一幅柔美和谐的春日画卷,让读者在细腻的文字中感受到春天的生机与希望。又如,"秋天,银线似的蛛丝在牛角上挂着,粮车拉粮回来,麻雀吃厌了,这里那里到处飞。"这里的"银线似的蛛丝""粮车拉粮回来"以及"麻雀吃厌了"等意象,以温婉细腻的笔触描绘了秋天的丰收与宁静,展现出一种宁静致远的意境。

(三)刚柔相济:风格交织的独特魅力

《土》文巧妙地融合了粗犷与阴柔这两种截然不同的风格,借助对比言语思维构建出一种刚柔相济、独具魅力的文学景观。这种风格交织不仅丰富了文章的表现力,更深刻地揭示了作者对故乡复杂而深沉的情感。

1. 语言运用:刚中带柔,柔中带刚

《土》文的语言艺术,精妙地诠释了刚柔相济的深刻内涵,其笔触如行云流水,在粗犷与细腻之间自如穿梭,构建了一种独树一帜的语言景观。开篇即显锋芒,"我无时无刻不听见她呼唤我的名字,无时无刻不听见她召唤我回去",此句以雷霆万钧之势,直击人心,透露出作者对故土那份近乎执念的思念与归心似箭的渴望,其力量之刚,犹如荒漠中的铁骑奔腾,震撼人心。

然而,笔锋一转,"她低低地呼唤着我的名字,声音是那样的急切",这里,端木蕻良以细若游丝的笔触,勾勒出故乡呼唤的另一种风貌——温柔而缠绵,如同晨曦中轻纱拂面,既是对前文刚劲之气的柔和过渡,也是对故乡深情厚谊的细腻展现。这轻柔之音,非但没有

削弱前文的力量感，反而在对比之下更显韵味悠长，如同山涧溪流，虽细却长，润物无声。

正是这种刚中带柔，柔中带刚的语言运用，使得《土》文在情感的表达上达到了高度的和谐统一。它不仅仅是在讲述一段关于故乡的记忆，更是在用一种独特的语言艺术，引领读者在刚与柔的交织中，体验情感的跌宕起伏，感受心灵的触动与共鸣。这种语言风格，既彰显了力量之美，又不失温婉之情，让《土》文在文学的殿堂中熠熠生辉。

2. 情感表达：刚柔交织，情深意长

在《土》文的情感织锦中，端木蕻良巧妙地将刚与柔两种截然不同的情感维度交织融合，绘制出一幅情深意长的思乡画卷。一方面，他以"我必须回去，我从来没想过离开她"这样的铁骨铮铮之语，展现了对故乡那份坚定不移、刚烈如火的热爱与依恋，如同磐石般不可动摇。这份刚劲，是作者对故乡承诺的庄重宣告，是灵魂深处最真挚的呼喊。

另一方面，他又以"我必定为她而战斗到底"的温柔誓言，透露出深沉内敛、矢志不渝的坚韧与决心。这里的"柔"，并非软弱，而是一种深邃的情感力量，它如同细水长流，虽无声却坚韧，在时间的洗礼下愈发显得珍贵而恒久。这份柔情，是作者对故乡最深沉的承诺，是对家园守护的无悔誓言。

在刚与柔的交织中，作者还巧妙地运用了回忆的钥匙，打开了通往儿时往事与故乡自然风光的神秘之门。那些温馨的画面、熟悉的场景，在读者心中勾勒出一幅幅细腻而悠长的思乡图景。这些细腻的描绘，不仅丰富了文章的情感层次，更让那份对故乡的思念之情变得具体可感，触手可及。

如此，刚柔并济、情深意长的情感表达，在《土》文中得以完

美呈现。它既有如烈火般炽热的爱,也有似清泉般温润的情,二者相互映衬,共同编织出一个既充满冲击力又极富感染力的情感世界。读者在阅读过程中,不仅能够感受到作者对故乡那份深沉而复杂的情感,更能在心灵深处产生共鸣,被那份跨越时空的思乡之情深深打动。

3. 意象构造:刚柔并蓄,意境深远

在《土》文的意象构建中,作者以对比为引,精妙地编织了一幅刚柔并蓄、意境深邃的文学图景。一方天地,是关东原野的豪情万丈:以"参天碧绿的白桦林"为笔,勾勒出大自然的雄浑与生命力,那"奔流似的马群",仿佛是大地的血脉,奔腾不息,彰显着生命的活力与自由;"红布似的高粱",则如同火焰般炽热,映照着这片土地的丰饶与希望。这些粗犷豪放的意象,共同构筑了一个壮阔无垠的自然世界。

而转身之间,另一番景致悄然浮现。那是静谧夜晚的温柔低语,"幽远的车铃"穿越时空的长廊,轻轻摇曳在读者的心间,带着一丝淡淡的乡愁与怀旧;晴天之下,"马儿戴着串铃在溜直的大道上跑着",铃声清脆悦耳,为这宁静的画面增添了几分生动与和谐;"狐仙姑深夜的谰语",更是如梦似幻,为整个故事披上了一层神秘的面纱,这些温婉细腻的意象,如同细雨润物,无声地滋养着读者的心田。

刚与柔,在作者的笔下并非对立,而是相互交织、和谐共生。它们如同阴阳两极,共同构成了这个文学世界的完整与丰富。这些意象蕴含着丰富的象征意义与文化内涵,让人在欣赏美景的同时,也能感受到作者对故土的深情厚谊,以及对生命、自然、文化的深刻思考。

三、历史与现实交织

接下来,让我们把视角转向另一个更为深邃且引人入胜的维度

——历史与现实交织。在这一部分,我们将深入探讨《土》文如何巧妙地跨越时空界限,将深远的历史记忆与作者鲜活的现实体验紧密相连,展现出独特的魅力。

(一)历史的回响:深情的召唤

静读《土》文,我们听到了历史的回响,感受到了作者深情的召唤。这种召唤,源于对故乡的深刻记忆与认同,也源于那份对广大的关东原野的"挚痛的热爱"。这份热爱,如同古老的河流,在历史的长河中流淌,承载着作者对故乡的眷恋与思念。

开篇的深情呼唤,仿佛打开了历史的闸门,让我们窥见了作者对故乡的深厚感情。关东原野的每一寸土地,每一棵树,都承载着作者儿时的记忆。参天碧绿的白桦林、奔流似的马群、红布似的高粱、金黄的豆粒等,不仅仅是自然景观,更是历史的见证者,是故乡变迁的记录者。

当我们深入剖析这些意象时,不难发现其中蕴含的历史文化内涵。白桦林见证了多少代人的成长与变迁,马群奔腾的景象又映射出这片土地上人民的勤劳与勇敢,高粱的红与豆粒的黄,如同历史的颜色,斑斓而沉重,它们讲述着丰收的喜悦与生活的艰辛。

作者通过回溯这些历史记忆,将自己与故乡紧密相连。这种连接不仅仅是情感的传递,更是一种文化的接续。他让我们看到,个人情感与历史记忆是如何相互交织,共同构建出一个跨越时空的情感共鸣区域。在这个区域内,作者与读者共同感受到那份对故乡的挚爱与怀念。

(二)现实的体验:深切的痛楚

《土》文中,情感的脉络并非简单地贯穿于历史的回响与温柔的怀念之中,而是以一种更为深刻、复杂的方式,将我们引领至现实的苦难与痛楚之境。《土》文如同一面镜子，不仅映照出过往的辉煌与美丽，更揭露了当下土地所承受的沉重与创伤，让读者在历史的斑斓色彩与现实的灰暗色调之间，感受到一种强烈的情感冲击与心灵震撼。

不过，需要说明的是，《土》文并没有直接具体描写烧毁的村庄、流离失所的百姓、荒芜的田野这样的具体场景，而是主要通过抒情和回忆的方式，表达了对故乡关东原野的深切眷恋和对国土沦丧的压抑之情。

我们可以通过文章中对故乡景物的深情描绘，以及作者内心情感的强烈抒发，间接感受到那个时代东北人民所经历的苦难和家园的破败。例如，文中提到"参天碧绿的白桦林，标直漂亮的白桦树在原野上呻吟"，这里的"呻吟"一词隐晦地表达了白桦林在战争或自然灾害中遭受摧残的惨状，尽管并未直接描述为烧毁。

至于流离失所的百姓和荒芜的田野这些情景虽然没有在文章中直接展现，但可以通过文章的整体氛围和作者的深情呼唤来体会。作者无时无刻不听见故乡的呼唤，感受到内心的炽痛热爱，这种情感背后，无疑是无数东北人民失去家园后的流离失所和田野的荒芜景象。

此外，了解文章创作的时代背景也有助于我们更深刻地理解这些隐含的情感。1931年九一八事变后，东北三省沦于日军的铁蹄之下，百姓家破人亡，流离失所，田野荒芜，这些情景虽未直接写入文中，但无疑是作者创作时心中难以磨灭的记忆和痛楚。

（三）历史与现实的交织：深沉的誓言

《土》文中，历史与现实的交织并非简单地时空并置，而是在言语思维上呈现出一种鲜明的对比和互补，从而构建出一个多层次、多维度的情感与意义空间。

从历史的角度来看，《土》文通过对过往岁月的深情回忆，勾勒出一幅幅生动而具体的画面。这些画面不仅承载着作者对故乡的深厚感情，更蕴含着丰富的历史文化内涵。白桦林、马群、高粱、豆粒等意象，仿佛是一扇扇时光之窗，透过它们，我们可以窥见那个时代的风貌。这种历史的回溯，不仅是对过去的缅怀，更是对文化根源的探寻与确认。

而在现实层面，作者笔锋一转，通过"在原野上呻吟"中的"呻吟"，"埋葬过我的欢笑"中的"埋葬"等词语，将我们带入了战火纷飞、苦难深重的现实之中。这种对现实的间接描绘，与历史的回忆形成了鲜明的对比。历史的宁静与美好，现实的动荡与苦难，两者间形成了一种强烈的张力。这种张力不仅凸显了现实的残酷性，更反衬出作者对故乡的深厚情感与对和平生活的渴望。

值得注意的是，作者在处理历史与现实的关系时，并非简单地进行并置或对比，而是通过一种深沉的誓言将它们紧密地联系在一起。这个誓言不仅是对故乡未来的美好期许与坚定信念的表达，更是对历史与现实深刻理解的体现。在这个誓言中，我们看到了作者对历史的尊重与珍视，对现实的勇敢面对与积极改变的态度。

从对比言语思维的角度来看，《土》文中的历史与现实交织不仅体现在时空的转换上，更体现在情感与意义的对比与统一上。历史的深情回忆与现实的深切体验在作者的笔下相互映衬、相互补充，共同构建了一个复杂而深刻的叙事结构。这种结构使得文章在表达上更加丰富多元，也让读者在品味文章的过程中能够感受到作者那颗跳动不息的赤子之心。

综上，《土》文运用独特的对比言语思维，将宏大叙事与个人化叙事精妙地融为一体，通过粗犷与阴柔的完美交融，深情地构建了一个兼具历史厚重感和个人情感体验的文学世界。在这篇文章中，历史与现实的元素如丝如缕地交织在一起，让读者在感受到作者对于故乡的深情厚谊的同时，也领略到了历史的波澜壮阔。这种叙事手法，不仅展现了作者对于历史的深刻洞察与反思，更在字里行间流露出对民族未来的殷切期望。由此可见，"土地的誓言"不仅是对个人情感的抒发，更是对整个民族精神的呼唤与传承。它像一曲沉重、庄严而又悲壮的交响乐，激荡着每一个读者的心灵，让我们更加深刻地理解到"土地的誓言"所蕴含的丰富内涵与深远意义——这不仅仅是"我"的誓言，更是我们民族的誓言，[1] 是对民族文化与历史责任的坚守与担当。

---

[1] 魏为秋.《土地的誓言》标题解读 [J]. 语文教学通讯，2006（11）：45.

紫色哲思
——宗璞《紫藤萝瀑布》的言语思维解读

《紫藤萝瀑布》（下称"《紫》文"）是当代作家宗璞先生的散文名篇，最初发表于1982年第七期的《福建文学》，随后被收录于《宗璞小说散文选》。该文以其深刻的内涵和独特的艺术风格，先后被选入人教版、苏教版，以及现行的统编版初中语文教材。经过近半个世纪的广泛传播、深入教学与多角度解读，《紫》文已成为新时期的散文经典。

这种经典地位的铸就，一方面得益于宗璞先生"写景散文的一贯风格：积极又含蓄的主题追求，婉曲有致的感情流露，精美的景物描写，简洁精练的文字表达"[①]。这种独特的写作风格让《紫》文在文学海洋中脱颖而出。

另一方面，《紫》文的经典地位也来自其深刻的时代意义。该文的"写作是在创乱初定，热情复炽的年代"[②]，因此这篇优美的散文便具有了更普遍的时代意义，在当代散文史上占据着重要的地位。

再者，宗璞先生擅长"把饱蘸着浓浓情感的笔力着眼于对故人

[①②] 转自《义务教育教科书教师教学用书语文七年级下册》，人民教育出版社2017版，第244—245页。原文是《〈紫藤萝瀑布〉赏析》，作者是张梅。

往事、历史文化和动植物的诗意升华上,阐释自己的人生价值观,重在表述对生命的追忆与探索,给予人们深深的启迪,透显出一种'哲化'与'诗化'交融后的思辨气息"[1]。这种深刻的思辨和诗意的升华,使得《紫》文更加引人入胜,让读者在阅读中得到深刻的感悟和启迪。

此外,《紫》文中还大量运用了隐喻言语思维[2],尤其是"紫色"隐喻的运用,使得整篇作品呈现出一种别具一格且异常深刻的"紫色哲思",进一步提升了其艺术价值和经典地位。这种隐喻言语思维不仅丰富了文章的表现手法,也使得读者在阅读过程中能够更深入地理解和感受作者的思想感情。下面,我们便以假想作者的身份,从言语思维的角度,对其丰富的文学内涵进行深入探析。

一、胚胎中孕育紫色哲思

《紫》文中所蕴含的"紫色哲思"并非凭空而来,而是深深根植于特定的历史背景与个人经历之中。这一哲思的形成与作者当时所处的特殊生活环境紧密相关。回溯到1982年5月,"文革"的余波刚刚平息,作者尚未从历史的阴霾中完全走出,同时小弟又罹患重病,生命岌岌可危。在这样的情境下,作者内心的沉痛与挣扎不难想象。然而,机缘的巧合让作者偶然间看到了一树盛开的紫藤萝花。花朵由凋谢到再次盛开的轮回,使作者深刻领悟到生命的循环与不朽,从而实现了情感的转折,由沉痛转向欣慰,体会到了人生的绚烂与生命的绵延不绝,重新找回了生活的勇气与力量。

---

[1] 张羽华. 生命的追忆与探索:宗璞散文《紫藤萝瀑布》与《哭小弟》赏析[J]. 语文月刊,2012(6):84.

[2] "隐喻言语思维"是指在使用语言时,借助隐喻这种修辞手法来进行思考和表达的一种思维方式。隐喻不仅仅是修辞技巧,更是一种深层次的认知过程,它涉及人类如何用已知的概念和经验去理解、解释和表达新的、未知的事物或概念。

此外，这一哲思的形成，也与紫色在中国传统文化中所承载的特殊寓意相关。紫色，常被视作吉祥与希望的象征。因此，当那片盛开的紫藤萝花跃然眼前时，困顿迷惘的作者，情不自禁地"停住了脚步"，被这片紫色的花海所深深吸引。

因此，要想深入剖析《紫》文的"紫色哲思"，就必须从文章开篇的那句"我不由得停住了脚步"入手。这句话不仅是文章的引子，更是其独特的胚胎。《紫》文中"祥瑞"与"希望"的隐喻以及"生命的永恒"的哲学思考，便是在这里悄然萌发的。

（一）不由得

先来看文章胚胎中第一个关键词：不由得。

"不由得"一词表达了一种非自愿的、几乎是无意识的行为反应。在这里，作者并非经过深思熟虑后决定停下脚步，而是被眼前的紫藤萝瀑布所吸引，不自觉地停住了脚步。这种非自愿行为反映了作者内心强烈的感受和瞬间的震撼。"不由得"强调了作者情感的即时性和直接性。面对紫藤萝瀑布，作者的情感瞬间被触发，没有任何延迟或思考，这种即时的情感反应增强了文本的感染力和真实感。"不由得"还体现了自然美的强大吸引力。紫藤萝瀑布的美景如此令人着迷，以至于作者无法抗拒其魅力，这凸显了自然美对人类情感的深刻影响。从文学手法的角度来看，"不由得"为文本创造了一种叙事张力。它设置了一个悬念，引导读者好奇地继续阅读下去，探究究竟是什么让作者如此情不自禁地停住了脚步。

所以，"不由得"并不是一个简单的副词短语，它蕴含了丰富的心理、情感和叙事层面的意义。这个词准确地捕捉了作者在面对自然美景时的即时反应和深刻感受，同时也为文本增添了叙事张力和深度。

（二）停住了

文章胚胎中第二个关键词是"停住了"。

"停住了"表示"我"行走动作的停止。但在这个特定的文本和背景下，它的意义远不止于此。1982年，"文革"的阴影尚未完全消散，作者又面临着小弟身患绝症的打击，内心充满了创伤和无奈。在这样的情境下，"停住了"不仅是一个简单的动作，它展现了一种内在情感的凝结和沉淀。

"停住了"在情感层面上反映了作者被紫藤萝瀑布般盛开的花朵所震撼、所吸引。这种美，对于当时内心充满伤痛的作者来说，无疑是一种慰藉，使作者暂时忘却了世间的烦恼和痛苦。

从哲理的角度来看，"停住了"还暗示了"我"对生活的重新审视和思考。面对困厄的现实，作者产生了深深的怀疑和迷茫，紫藤萝的盛开就像是一种生命力的爆发，让作者重新看到了生活的美好和希望。"停住了"代表了一种对生活意义的重新探寻和领悟。

因此，"停住了"在《紫》文中不仅是一个描述动作的词语，更是一个富有深意的文学符号，它凝聚了作者的情感、思考和对生活的领悟。

（三）脚步

文章胚胎中第三个关键词是"脚步"。这一词语承载着深远的象征意义和隐喻内涵。

隐喻是一种独特的言语思维方式，它"大量渗透于人们的艺术创作之中"[①]。从隐喻言语思维的角度来看，"停住了脚步"隐喻着作者在人生道路和精神追求上的暂时停滞。这种停滞是对外界环境的无

---

① 邓方舟.《紫藤萝瀑布》隐喻解析［J］.中学语文教学，2018（2）：53.

奈反应，反映了内心深处的痛苦和困惑。在这一瞬间，作者被紫藤萝花所吸引，进而引发了对生命意义和生活价值的深层次思考。

《紫》文结尾，"我不觉加快了脚步"象征着作者心灵的释放和精神的重生。经过对紫藤萝花的深入观察和内心的深刻反思，作者似乎找到了生活的意义和前进的动力。这里的"加快了脚步"不仅是物理速度的提升，更是心灵层面的一种觉醒和振奋。在这里两次提到"浅紫色"，它其实也是一个隐喻，而且是《紫》文中极为重要的隐喻，它寓意生机与希望，作者正是在对这一隐喻的体悟中完成了从迷茫到觉醒的心灵历程。这种转变不仅体现了作者对美的追求和对生活的热爱，更彰显了她在困境中寻求力量、勇敢面对未来的坚定信念。

更进一步来看，隐喻还是"人认识、理解客观世界的一种工具"①。美国语言学家Lakoff和Johnson认为"隐喻的实质是用一种事物来理解和表达另一种事物"②，因此，这里的"脚步"可以视为一种源域，行走的"脚步"被映射到人生的旅程上，使人们能够更深刻地理解作者在面对困境时的挣扎与坚持。同时，"脚步"的停止和加速也成为作者情感和认知转变的隐喻表达。

如果把它放到美国社会学家Goffman的"框架"理论中，即框架"为事件提供了背景性理解"③来看，"脚步"的变化也可以被看作是一种"框架化"的过程。作者通过"停住脚步"和"加快脚步"两个不同状态的对比，为整个事件（看到紫藤萝花后的心路历程）提供了背景性理解。这种框架化的叙事方式，使得"脚步"的变化不仅仅是物理动作，更是情感和认知转变的符号。

---

① 陆俭明．隐喻、转喻散议［J］．外国语．2009，32（1）：48．

② 黄敏．隐喻与政治：《人民日报》元旦社论（1979 - 2004）隐喻框架之考察［J］．修辞学习，2006（1）：15．

③ 黄敏．隐喻与政治：《人民日报》元旦社论（1979 - 2004）隐喻框架之考察［J］．修辞学习，2006（1）：16．

可见,"脚步"在《紫》文中不仅代表了作者的行走状态,更深刻地反映了她的心灵历程和情感变化。从"停住了脚步"的停滞不前到"加快了脚步"的充满希望和动力,作者实现了心灵上的蜕变和成长,这源于其非同寻常的"紫色哲思"。

二、隐喻中渲染紫色哲思

在作家的笔下,紫藤萝已经超越了其作为一种自然生物的属性,而被赋予了更深层次的寓意。它不仅仅是一株植物,更是一个隐喻、一个象征。紫藤萝象征着生命的再生与循环,代表着时代的更迭与变迁,寓意着精神的浴火重生,以及美的永恒不灭。同时,它也象征着人们内心深处那朵永不凋零的花朵的复苏与重放……①正是在这样一层又一层隐喻性言语的渲染与深化中,《紫》文的"紫色哲思"逐渐变得浓厚而深刻。

(一) 系统隐喻中渲染

《紫》文中隐喻的运用不是个别现象,而是形成了一个系统。它在一个整体的"叙述框架"里,以"'我'的感受来统领'瀑布'这一隐喻意象"②。

1. 请看课文第二自然段:

> 从未见过开得这样盛的藤萝,只见一片辉煌的淡紫色,像一条瀑布,从空中垂下,不见其发端,也不见其终极。只是深深浅浅的紫,仿佛在流动,在欢笑,在不停地生长。紫色的大条幅

---

① 徐家昌. 形神兼备,意蕴含婉:读宗璞《紫藤萝瀑布》[J]. 名作欣赏,1992 (5):100.
② 邓方舟. 《紫藤萝瀑布》隐喻解析 [J]. 中学语文教学,2018 (2):54.

上，泛着点点银光，就像迸溅的水花。仔细看时，才知道那是每一朵紫花中的最浅淡的部分，在和阳光互相挑逗。

(1) 微观透析

隐喻一：紫色。它"蕴含着辽阔、恢宏、奔放等意义，这与眼前壮丽的花瀑具有内在的契合性，同花瀑的壮丽和奔放的生命力巧妙融合在一起"①。

隐喻二：瀑布。"瀑布"作为源域，隐喻藤萝的盛开景象。瀑布通常与壮丽、宏伟、源源不断等意象相关联，通过这一隐喻，作者不仅传达了藤萝盛开的壮观和连绵不绝，还引导读者联想到瀑布的动感和生命力，从而强化了藤萝生机勃勃的形象。

隐喻三：欢笑。运用拟人化的隐喻手法，为藤萝赋予了人的情感和行为特征。这种隐喻使得藤萝不再是无生命的植物，而是一个充满活力和情感的存在。通过"欢笑"，表现了藤萝的蓬勃生命力。

隐喻四：紫色的大条幅和迸溅的水花。"紫色的大条幅"作为源域，隐喻了藤萝盛开的整体景象，而"迸溅的水花"则隐喻了藤萝上泛着的点点银光。这两个隐喻共同勾画了一个动态而绚丽的画面，使读者能够更直观地感受到藤萝盛开的美丽和活力。

隐喻五：挑逗。此处运用了拟人化的隐喻手法，"既写出了紫藤萝盎然的生机与情趣，又洋溢着作者对它深深的喜爱"②。这种描述不仅增添了文本的趣味性和诗意，还进一步强调了藤萝与自然环境之间的和谐共生关系。

隐喻言语思维的运用不仅丰富了文本的表达方式和意象构建，还

---

① 郑琳. 紫色，重新审视《紫藤萝瀑布》的一把密钥[J]. 名作欣赏, 2018 (26)：122.
② 李贵楼. 宗璞《紫藤萝瀑布》修辞艺术探析[J]. 文学教育（上）, 2020 (6)：41.

深化了读者对藤萝盛开景象的感知和理解。其通过将抽象的概念（如藤萝的盛开）与具体的、为人熟知的事物（如瀑布、欢笑的人、大条幅、水花等）相联系，帮助读者更直观地理解和感受文本所描述的景象。同时，也展示了作者对自然美的深刻洞察和独特表达，提升了文本的审美价值和感染力。

（2）中观审视

从中观的角度看，即从第二自然段整体来看，这一段中虽然运用了众多的隐喻，但是这些隐喻不是孤立的、分散的，而是在渲染言语思维的加持下形成了一个有机的整体。

第二自然段的核心语义是"盛"。但是，"盛"终究是一个抽象概念，无法直观地展现在读者面前，更谈不上形象、生动，于是，作者大量运用了"紫色""瀑布""欢笑""大条幅""挑逗"等喻体，从瀑布式的"样态"、流动的"状态"以及泛着银光的"质态"三个层面，对紫藤萝的生长之"盛"进行了三重渲染。这样，这些隐喻就形成了一个整体，而更为关键的是，作者通过多重渲染言语思维展现一片盛开的藤萝的美景的同时，更是表达了对自然界生命力的赞美和对生命的敬畏与尊重，情感上充满了惊喜和愉悦，从而为下文的"紫色哲思"打下基础。

2. 再来看第六自然段：

> 每一穗花都是上面的盛开，下面的待放。颜色便上浅下深，好像那紫色沉淀下来了，沉淀在最嫩最小的花苞里。每一朵盛开的花就像是一个小小的张满了的帆，帆下带着尖底的舱。船舱鼓鼓的，又像一个忍俊不禁的笑容，就要绽开似的。那里装的是什么仙露琼浆？我凑上去，想摘一朵。

(1) 微观透析

隐喻一：花。这个隐喻的源域是帆，它代表着航行的动力、希望和方向，通常与冒险和探索相关联。而目标域是花，这种盛开的花朵在作者的笔下被赋予了生命力和动态美。通过这个隐喻，读者可以感受到每一朵盛开的花如同扬帆起航的船只，充满了生命力和向前冲刺的动力。

隐喻二：舱。舱作为隐喻元素，进一步丰富了花朵的形象。舱通常与装载、保护等功能相关联，这里用来隐喻花朵下方的部分，暗示花朵内部也蕴藏着某种力量或美好的东西。这种隐喻不仅增强了花朵的立体感，还激发了读者对花朵更多的想象。

隐喻三：笑容。这里将船舱的形态隐喻为笑容。笑容通常与愉悦、喜悦的情感相关联，这里用来形容船舱鼓鼓的样子，使得花朵的形象更加生动可爱。这个隐喻不仅让读者在视觉上感受到了花朵的饱满和美丽，还在情感上引发了读者的共鸣和愉悦感。

隐喻四：仙露琼浆。仙露琼浆隐喻花朵内部液体。仙露琼浆通常用来形容神话中珍贵而美好的液体，这里用来形容花朵内部的液体，表现其"洋溢着生命的芬芳与甜美"[①]，同时还暗示这些液体具有某种神奇的力量或价值。

通过这些隐喻的运用，作者成功地描绘了充满生机和活力的藤萝盛开景象。可见，隐喻不仅丰富了文本的表达方式，还使得读者能够更直观地感受到藤萝的美丽和生命力。

(2) 中观审视

从中观的角度看，即从第六自然段整体来看，这一段运用了众多的隐喻，它们同样不是分散的，而是跟第二自然段一样在渲染言语思维的加持下形成了一个有机的整体。

---

① 邓方舟.《紫藤萝瀑布》隐喻解析[J]. 中学语文教学，2018（2）：53.

第六自然段的核心语义仍然是"盛开",作者从四个角度渲染了紫藤萝花的繁盛。至于"下面的待放"中的"待放"是指随时都可能开放,那是另一种形态的"盛开"。

第一重渲染是从"色彩"的角度来渲染紫藤萝的盛开。色彩的渐变和沉淀的比喻,不仅形象地描绘了花穗从上到下颜色的深浅变化,更是渲染了花穗的盛开与待放的状态,勾勒出一幅动态的画面,使读者仿佛能够看到花穗从上到下逐渐盛开的过程。这种渲染不仅增强了文章的视觉效果,还让读者感受到了花朵的生命力和成长的过程。

第二重渲染是从"形态"的角度来渲染紫藤萝的盛开。作者运用了生动的比喻,将盛开的花朵比作张满的帆,不仅捕捉了花朵盛开的形态,还赋予了它们航海的意象,仿佛每一朵花都是勇往直前的小船,扬帆向着生活的美好航行。尖底的舱则形象地描绘了花蕊的形态,使整个描述更加立体和具象。这种形态渲染不仅让读者能直观地感受到花朵的美丽,还激发了人们对生活积极向上的态度和对自然美的欣赏。

第三重渲染是从"神态"的角度来渲染紫藤萝的盛开。作者将船舱比作"忍俊不禁的笑容",这样的比喻不仅生动地展现了船舱鼓鼓的特点,更赋予了它一种欢快、愉悦的神态。通过"忍俊不禁"和"就要绽开似的"的描述,读者仿佛可以感受到这个"笑容"中蕴含的喜悦与期待。这种神态渲染使得原本静态的船舱变得生动起来,充满了情感和生命力。

第四重渲染是设置悬念对紫藤萝的盛开再次渲染。在段落的结尾,作者通过设置悬念来增强读者的好奇心和阅读欲望。"那里装的是什么仙露琼浆?我凑上去,想摘一朵。"这里通过提问和第一人称的叙述,将读者带入场景中,使读者对花朵内部蕴藏的"仙露琼浆"产生强烈的好奇心和期待。

这样，通过色彩、形态、神态和悬念的多重渲染，作者成功地构建了一个生动、形象且富有感染力的盛开着紫藤萝花的世界。正是紫藤萝的如此之"盛"，才紧紧地吸引了"我"，才引起了"我"深深的思考，从而为下文的"紫色哲思"打下基础。

（二）情境隐喻中渲染

作者除了运用系统隐喻进行渲染，还运用了情境化的意象隐喻。请看课文的第三至五自然段：

> 这里春红已谢，没有赏花的人群，也没有蜂围蝶阵。有的就是这一树闪光的、盛开的藤萝。花朵儿一串挨着一串，一朵接着一朵，彼此推着挤着，好不活泼热闹！
> "我在开花！"它们在笑。
> "我在开花！"它们嚷嚷。

这几段话的核心语义仍然是"盛开"。

作者用"挨""推""挤"等动词，不仅展现了花朵的紧密与繁茂，营造了一种热闹、充满活力的氛围，更在无形中赋予了它们生命的力量和竞争意识。这种力量使得静态的"画"变得动态而有力，仿佛每一朵花都在争相开放，向世界展示自己的美丽。这是第一重渲染紫藤萝花的"盛开"。

更为出色的是，作者通过拟人的手法，让花朵们"在笑""嚷嚷"，仿佛它们有了生命和情感，正在开心地宣告自己的盛开。这种写法不仅赋予了花朵以人的性格和情感，还让读者能够更加深入地感受到花朵们的欢快与活力。整段文字充满了生命力与美感，使读者仿佛置身于一个盛开的紫藤萝花园之中，感受到了大自然的美丽与和谐。这种细腻的笔触和生动的描绘，展示了作者对于自然之美的深刻感悟和热爱之情。这是作者第二重渲染紫藤萝花的"盛开"。

从整体来看,"无数盛开的紫藤萝花,如同天真童趣的儿童,正在上演一出微型化的隐喻意象'情景剧',有声有色,声情并茂。作者运用一连串短句,并着意将这些短句分行排列予以凸显那一种欢快活泼的情态。生命绽放的美好与愉悦毫不掩饰地流淌在字里行间"①。

三、对比中升华紫色哲思

如果说《紫》文的胚胎只是孕育了"紫色哲思",而课文的第二到六自然段,只是对"紫色哲思"进一步渲染的话,那么,课文中两次对比的运用,则从"共时"与"历时"两个层面,在对生命的追忆与探索中,阐释了作者的人生价值观,从而使《紫》文呈现出一种积极而美丽的"紫色哲思"。

(一)共时对比中升华

作者在阐释自己的"紫色哲思"时,用了两组审美性质的对比。请看第一组。

> 这里春红已谢,没有赏花的人群,也没有蜂围蝶阵。有的就是这一树闪光的、盛开的藤萝。花朵儿一串挨着一串,一朵接着一朵,彼此推着挤着,好不活泼热闹!

(课文第 3 自然段)

这是一组"共时"性的对比。

作者先以"春红已谢,没有赏花的人群,也没有蜂围蝶阵"为背景,描绘了一个略显冷清、凋零的春日景象。这种描述营造了一种

---

① 邓方舟.《紫藤萝瀑布》隐喻解析[J]. 中学语文教学,2018(2):54.

沉寂、萧瑟的氛围，为读者设置了一个心理上的预期——这似乎是一个缺乏生机与活力的场景。然而，紧接着作者笔锋一转，用"有的就是这一树闪光的、盛开的藤萝"来打破先前的沉寂。这种突如其来的转变，产生了一种强烈的对比效果。先前冷清的景象与眼前这棵盛开的藤萝形成了鲜明的反差，使得藤萝的繁盛与活力更加凸显。

接下来，作者进一步通过"花朵儿一串挨着一串，一朵接着一朵，彼此推着挤着，好不活泼热闹！"来强化这种对比效果。这里的"挨着""接着""推着挤着"等动词，生动地描绘了花朵的繁盛与活力，与前文的冷清形成了鲜明的对比。这种对比不仅增强了文章的感染力，也使得读者能够更清晰地感受到藤萝的生机与美丽。

这是从表层来讲的，显然还不够。作者写作《紫》文，并非单纯地表现紫藤萝的生命与美丽，而是有着深刻的用意的，也就是说，还需要从更深处理解作者的言语意图才行。

《紫》文中一再提到藤萝的颜色是"紫色"的，甚至说"香气似乎也是浅紫色的"，这就不得不令人注意"紫色"的隐喻义了。我们知道中国自古有"紫气东来"的说法，紫气寓意祥瑞，给人们带来吉祥、财富和好运。"自然界在红花凋零的季节有紫藤萝的开放，小弟垂危的生命是不是可能也有转机呢？因为生命长河的力量，总是生生不息的。我当然不否认紫藤萝盛开的鲜花暂时抚慰了作者痛苦的心灵，但当她把这种情感提升至一种哲理高度，努力建构起一个更大的意象系统时，是不是因此对她小弟的生命力，对他病情的转机，有一种期待呢？"[①] 从这个意义上讲，这一处的对比不是可有可无的，它透露出作者对小弟病情的转机怀有某种期待，也为下文作者从更大背景，更广阔的时空，进行"历时"性的对比，进行更高层次的"紫色哲思"打下基础。

---

① 詹丹. 谈《紫藤萝瀑布》的系统性 [J]. 七彩语文（中学语文论坛），2020（3）：5.

(二) 历时对比中升华

再来看课文的第二次对比:

> 忽然记起十多年前家门外也曾有过一大株紫藤萝,它依傍一株枯槐爬得很高,但花朵从来都稀落,东一穗西一串伶仃地挂在树梢,好像在察言观色,试探什么。后来索性连那稀零的花串也没有了。园中别的紫藤花架也都拆掉,改种了果树。那时的说法是,花和生活腐化有什么必然关系。我曾遗憾地想:这里再也看不见藤萝花了。
>
> 过了这么多年,藤萝又开花了,而且开得这样盛,这样密,紫色的瀑布遮住了粗壮的盘虬卧龙般的枝干,不断地流着,流着,流向人的心底。
>
> (选自课文第8、9自然段)

这是一组"历时"性的对比,展现了紫藤萝在不同时间点的状态变化,以及作者对这一变化的深刻感悟。这一组对比不仅有紫藤萝自身的今昔对比,还隐含着作者情感的前后对比,产生了一种多维度的反差效果。

作者先是通过回忆引出了十多年前紫藤萝的形象:"花朵从来都稀落,东一穗西一串伶仃地挂在树梢",这里的"伶仃"和"稀落"形成了对紫藤萝萧条、孤寂状态的生动描绘。同时,通过拟人手法,"好像在察言观色,试探什么",进一步加深了紫藤萝的脆弱与不确定感。这种状态的紫藤萝,与作者内心的遗憾情绪相互呼应,形成了情感与景象的双重萧条。

随后,作者以时间的流转为线索,急转直下地描述了紫藤萝的重生与盛开,"藤萝又开花了,而且开得这样盛,这样密"。这里的"盛"和"密"与之前的"稀落"和"伶仃"形成了鲜明的对比,不仅展现了紫藤萝生命力的复苏与爆发,还隐喻着时间与环境的变迁对生命状态的影响。

在描述紫藤萝盛开的景象时,作者采用了生动的比喻:"紫色的瀑布遮住了粗壮的盘虬卧龙般的枝干,不断地流着,流着,流向人的心底。"这里的"瀑布"之喻,既展现了紫藤萝盛开的壮观景象,又暗示了其生命力的汹涌澎湃。而"流向人的心底"则表达了这种生命力对人心灵的触动与震撼。

从对比言语思维的角度来看,这段文字通过精心选择的对比元素(如"稀落"与"盛密","伶仃"与"壮观"),以及巧妙的叙述结构(回忆与现实、萧条与盛开的交替叙述),增强了文章的感染力、说服力和清晰度。这种对比不仅凸显了紫藤萝生命状态的变化,还反映了作者情感态度的转变和对生命力的深刻感悟。

如果把这组对比放到当时的时代背景以及作者当时特殊的人生处境下来看,作者分明沿袭了"紫气东来"的传统文化心理定势,"从紫藤萝死而复生、再次爆发勃勃生机的情景上,在潜意识里感受到一个祥瑞的征兆,盼望着借着紫藤萝的好彩头,在'小弟身上'应了花瑞而发生生命的奇迹"[①]。而正因为有了这样的"祈祷"与"期盼",作者才会从痛苦中走出来,才会在一片淡紫色的光辉中产生"花和人都会遇到各种各样的不幸,但是生命的长河是无止境的"哲思。

综上所述,《紫》文并非一篇寻常的写景状物之作,而是在唯美的语言表达中,经历了思想、情感的"孕育""渲染"与"升华"。该文从描绘景物出发,逐渐聚焦于人性,再由个体生命体验升华至对人类生命哲理的深刻思考。正是这一连串深邃的思考过程,使得《紫》文成为新时期散文的经典之作。

---

① 吴周文. 让祥瑞的紫色流过心灵:宗璞《紫藤萝瀑布》的解读[J]. 七彩语文(中学语文论坛),2016(6):65.

孤独的灵魂

——陆蠡《囚绿记》的言语思维解读

《囚绿记》（下称"《囚》文"）这篇抒情散文是现代散文作家、翻译家陆蠡的代表作之一，写于抗战爆发后的"孤岛"上海。对于这篇文章的主旨，因着视角的不同和运用的文学解释学理论的不同，历来有多种不同的解读。

常见的有：

> 借赞美常春藤"永不屈服于黑暗"的精神，颂扬忠贞不屈的民族气节，抒发自己忠于祖国的情怀。[①]

> 因为爱一样东西至于极点，便想把它牢牢占据，置于自己的控制之下，这是人类的共性，可爱而愚蠢。对那些有生命的东西来说，让它生活在最适合的环境，即是一种珍爱、挚爱，这也许就是作者想要告诉读者的吧。[②]

---

① 洪宗礼.义务教育教科书语文教学参考书九年级（上册）[M].南京：江苏凤凰教育出版社，2018：394.
② 庄景秀.《囚绿记》探微[J].文学教育（上），2008（11）：133.

人性的迷失与回归。①

……

上述观点看起来差异很大，但有一点却是相通的，即《囚》文主要表达的是某种客观冷静的思想。然而，文学性散文的写作并不完全是一种"理性"的表达，更多的时候，是一种情感的抒发，一种生命的演绎，尤其是抒情散文。"散文不诉求成为公认"，散文是"高度个人化的言说"，是作者"要表现眼里的景和物、心中的人和事，是要与人分享一己之感、一己之思"。因此，解读散文时，应该通过作者所写的人、事、景、物，"触摸写散文的那个人，触摸作者的心眼、心肠、心境、心灵、心怀，触摸作者的情思，体认作者对社会、对人生的思量和感悟"②。换句话讲，写作是一种生命化的个性表达，解读则是对生命的理解、感悟与体认。

如果以此来观照上述对《囚》文主旨的解读，我们不难看出，虽然这些解读不无道理，但很显然，这样的解读略显"理性"，而少了点生命的温度。作品是作者生命的留存，任何作品，即便是冰冷的雕塑和建筑，都不可避免地融进了作者的生命。因此，解读作品时，我们是不能无视作者的生命存在的，事实上，只有真正感受到作者的生命体温，解读才更有深度。

不过，想从生命的维度解读《囚》文，并非易事，必须运用同样具有生命"体温"的言语思维这一工具来解读才行。

一、因为孤独而超越实用

解读《囚》文，我们首先要避免空洞的赞赏式分析，因为那样

---

① 宋如郊. 人性的迷失与回归：《囚绿记》教学设计[J]. 中学语文教学，2011（7）：49.

② 王荣生. 散文阅读教学设计的原理[J]. 语文教学通讯，2012（11）：33.

的分析,重"赏"而少"析",严格说来,还不能算是真正意义上的文本解读。要想使分析鞭辟入里,就必须找出文本中潜在的矛盾,在"还原"与"比较"中进行学理的分析,这样才能真正走进文本。①

(一) 从实用价值看"我"的房间

从实用价值来看"我"的房间,"我"的选择似乎并不明智。请看下面的渲染:

【渲染一】我住在北平的一家公寓里。我占据着高广不过一丈的小房间。砖铺的潮湿的地面,纸糊的墙壁和天花板。

(选自课文第 2 自然段)

"公寓"这个词本身是一个中性的描述,可以指代各种类型、各种条件的住宅。然而,当它与后续的描述性词语和短语相结合,共同构建了一个特定的环境时,就不太一样了。房间被描述为"高广不过一丈的小房间",直接强调了其空间的狭小和局限性。接着,"砖铺的潮湿的地面"增加了房间的不舒适感,暗示了可能存在的通风或漏水问题。最后,"纸糊的墙壁和天花板"进一步强调了房间的简陋和可能的临时性,因为纸质材料在现代建筑中通常不被用作主要的结构或表面材料。

这就是说,这段话通过描述房间的大小、地面的潮湿、墙壁和天花板的纸质材料,以及将这些元素与"公寓"这个词相结合,有效地渲染了房间的简陋和不适感,这样的房间显然是不适合长期居住的。

【渲染二】窗是朝东的。北方的夏季天亮得快,早晨五点钟

---

① 孙绍振. 文本细读的十重层次分析 [J]. 文学细读, 2023 (1): 3-45.

孤独的灵魂

左右太阳便照进我的小屋，把可畏的光线射个满室，直到十一点半才退出，令人感到炎热。

（选自课文第3自然段）

这段话通过详细描绘房间的光线情况和由此带来的不适感，生动地渲染了房间的简陋与不适宜居住的氛围。具体而言，它提到北方的夏季天亮得早，太阳从早晨五点钟左右就开始无情地照射进小屋，直到十一点半才离开，使满室充满刺眼且令人畏惧的光线，造成了炎热的环境。如此描述，还隐秘地指出房间可能缺少窗帘或其他有效的遮阳设施，否则光线不会如此肆无忌惮地照射进来。这些细节共同勾勒出一个简陋、不舒适、不适宜长时间居住的居住环境。

这样，便会使人产生这样一个疑问：

按照常理，"我"应当选择条件好点的房间，这样住起来人会舒服些，事实上，也有条件这样做；但"我"却选择了空间狭小、地面潮湿、阳光毒辣、陈设简陋的房间。这是为什么？作者为何要这样写，是不是有什么深刻的寓意呢？

（二）从审美价值看"我"的选择

有一个比较通行的看法是，选择这一房间是为了衬托"我"对"绿"的爱。表面看来，的确如此，然而，这只是问题的表象，其实背后有一个严肃的美学问题，即实用价值和审美价值的关系问题。

文学从本质上讲是审美的，所以文学创作与文学解读都应该从审美的角度展开。一般情况下，越是崇尚实用价值，就越是远离文学，反之，越是追求审美价值，便越是走进文学的天地。否则的话，"父亲违背交通规则"，"武松打死老虎没有环保意识"，便很有可能成为《背影》《水浒传》等经典文学作品的主流解读语言，岂不是很荒诞？

具体到《囚》文，如果"我"很追求实用价值的话，"我"完全可以选择一间条件好一点的房间，不过，这样一来，还会不会有一个窗口，且刚好打碎了一个角，窗外又刚好有常春藤，这就很难说了。至于其后发生的颇有意味的生命历程——囚绿，还会不会发生，便更难说了。如果这一切都缺位，"我"根本就没有这样的生命历程，哪还会有这篇散发着浓浓的生命味道的《囚绿记》呢？

通常情况下，越是舍弃实用价值，便越是凸显审美价值的魅力，这便是超越实用的言语思维。那么，在《囚》文中，作者超越实用价值，究竟要凸显什么样的精神和情感的审美追求呢？

这里需要简要了解一下当时作者的生命状态。

1935年，作者任上海文化生活出版社的编辑，上海沦为"孤岛"后，作者继续留在上海主持该社工作。"日本帝国主义的侵略，把他与广大文化战士隔离了开来。这使'我'感到'孤独'。"[①]《囚》文的第五自然段中有一句很重要的话，正是展现了"我"当时的这一生命状态："门虽是常开着，可没人来打扰我，因为在这古城中我是孤独而陌生的。"这一句话很明白地表明了，"孤独"是"我"的生命底色。

所以，"我"选择那个简陋的房间，就不仅仅因为常规意义上对"绿"的热爱那么简单了，可能更多地源于异族入侵、山河破碎、国土沦丧的心痛与悲凉，是身陷"孤岛"与文化战士隔离后那种深深的孤独，是"我"对自由的无限向往之情，让"我"做出了"非理性"的选择。

二、向往自由而违反常规

聚焦《囚》文的后半部分：乍一看，囚绿、释绿的过程，水到渠成、浑然天成，实在没有什么矛盾可言。通常情况下无法分析，也

[①] 刘一新. 热爱生活，追求光明：陆蠡的《囚绿记》赏析 [J]. 名作欣赏，1987（5）：58.

就只能赞叹了。但是，如果把它打回常规，便不难发现矛盾。

（一）打回常规

常规情况下，我们一般会这样描写"我"对绿的感情：

【渲染一】我快活地坐在我的窗前。度过了一个月，两个月，我留恋于这片绿色。我开始了解渡越沙漠者望见绿洲的欢喜，我开始了解航海的冒险家望见海面飘来花草的茎叶的欢喜。人是在自然中生长的，绿是自然的颜色。

（课文第6自然段）

第一句话直接描绘了"我"在窗前感受到的快乐，而这种快乐主要来源于窗外的那片绿色。随着时间的推移，"度过了一个月，两个月"，这种对绿色的喜爱并没有减弱，反而愈发深厚，达到了"留恋"的程度，显示出"我"对绿色的持久而深沉的情感。为了进一步渲染这种情感，作者使用了两个生动的比喻："我开始了解渡越沙漠者望见绿洲的欢喜，我开始了解航海的冒险家望见海面飘来花草的茎叶的欢喜。"这两个比喻不仅形象地描绘了"我"对绿色的极度渴望和珍视，还暗示了绿色对于"我"来说，就如同沙漠中的绿洲、航海时遇见的花草，是一种生命的希望与慰藉。最后，"人是在自然中生长的，绿是自然的颜色"这句话，揭示了绿色与自然之间的紧密联系，也进一步暗示了"我"对绿色的喜爱，实际上是对自然的向往和热爱，这种情感深沉而真挚。

【渲染二】我天天望着窗口常春藤的生长。看它怎样伸开柔软的卷须，攀住一根缘引它的绳索，或一茎枯枝；看它怎样舒开折叠着的嫩叶，渐渐变青，渐渐变老。我细细观赏它纤细的脉

散文可以这样读

络，嫩芽，我以揠苗助长的心情，巴不得它长得快，长得茂绿。下雨的时候，我爱它淅沥的声音，婆娑的摆舞。

（课文第7自然段）

这里的"天天"直接表现了"我"对常春藤生长的持续关注，体现了"我"对绿色的喜爱。二、三两句话，详细描写了常春藤从卷须的伸展到嫩叶的舒展，再到颜色的变化和成熟的过程，意在强调常春藤生长的每一个细微过程，都深深地吸引着"我"的目光和心灵。这种对细节的关注和描绘，进一步加深了"我"对绿色的感情。"细细观赏"表达了"我"对常春藤的每一个细节的欣赏和喜爱，而"揠苗助长的心情"则形象地描绘了"我"对常春藤生长的急切期待和渴望，巴不得它能够快速、茂盛地生长，这种心情进一步凸显了"我"对绿色的深厚感情。最后一句，通过描绘下雨时常春藤的声音和姿态，进一步渲染了"我"对绿色的喜爱。即使在下雨的时候，"我"也能从中获得美的享受，感受到常春藤带来的愉悦和欢乐，这种情感已经超越了简单的喜欢，达到了深深的热爱和依恋。

以上渲染，显然是"我"对绿的一种常规情感。这本没有什么问题，但是，如果沿着这个思路一直写下去的话，就必然会出现一个不可忽视的矛盾：

常春藤在户外自由自在地生长着，"我"在屋里"孤独"地居住着，尽管"我"可以喜爱、可以欣赏常春藤，然而，说到底终究是两条平行的生命线，并没有什么交集。按照常规，一个有"爱"有"人性"的人，通常是不会随意攀折、牵拉常春藤的，如此这样，"我"是有"爱"，有"人性"了，却没有了后来"囚"绿的故事，文章写到第七自然段，便要戛然而止，《囚》文也就完全成了一篇写景的文章。文章的美学意味，虽不至于完全消失，但也损失了大半。

孤独的灵魂

（二）矛盾分析

要想解决这个矛盾，就得打破常规。请看下面语段：

> 忽然有一种自私的念头触动了我。我从破碎的窗口伸出手去，把两枝浆液丰富的柔条牵进我的屋子里来，教它伸长到我的书案上，让绿色和我更接近，更亲密。我拿绿色来装饰我这简陋的房间，装饰我过于抑郁的心情。我要借绿色来比喻葱茏的爱和幸福，我要借绿色来比喻猗郁的年华。我囚住这绿色如同幽囚一只小鸟，要它为我作无声的歌唱。

（课文第8自然段）

从这段话里，我们可以观察到"我"的态度和行为的显著转变，以及内在情感的深刻变化。起初，"我"被窗外的绿色所吸引，对它充满了喜爱和向往。然而，忽然之间，"我"产生了一种自私的念头，这种念头触动了"我"，使得"我"的态度和行为发生了转变。从原本的欣赏和向往，变成了占有和囚禁。于是，"我"从破碎的窗口伸出手去，把两枝浆液丰富的柔条牵进了屋子里，让它们伸长到书案上，以便让绿色和"我"更加接近，更加亲密。这一行为体现了"我"对绿色的极度渴望和占有欲。同时，"我"的内在情感也发生了变化。原本，"我"只是欣赏绿色，用它来装饰简陋的房间和过于抑郁的心情。但现在，"我"开始借绿色来比喻葱茏的爱和幸福，以及猗郁的年华。这种比喻不仅显示了"我"对绿色的深厚感情，还揭示了"我"内心深处的渴望和追求。然而，这种占有和囚禁的行为也反映了"我"的自私和无知。因为"我"囚住这绿色，就如同幽囚一只小鸟，要它为我作无声的歌唱。这种行为忽视了绿色的生命和自由，只为了满足"我"自己的私欲。

如果沿着这样的思路继续展开，那么，这段话以及后续许多段落的描绘，似乎都蒙上了一层"自私"的阴影，且有"人性"迷失之嫌，仿佛都在深入剖析人性的复杂多面性。然而，这种处理方式不仅可能使《囚》文的主旨偏离其原有的轨道，还可能导致其丧失作为一篇散文所应具有的独特审美价值。这样一来，作者的行文思路与其深层次的审美追求之间，就会产生难以调和的矛盾。

事实上，当读者开始产生这样的疑问时，他们恰恰就触及了作家深层次的审美追求。因为一旦引发读者的疑问，他们必然会深入思考：一个如此热爱绿色、如此追求自由的爱国青年，怎么会自私到无缘无故地囚禁绿色呢？他的这种行为背后，显然隐藏着更深层的原因和动机。通读全文后，读者不难领悟到，"我"这样做并非出于简单的自私或人性的迷失，而是源于"对禁锢生命的白色恐怖环境的憎恶，对光明自由的渴望和向往"[①]。这种行为是内心极度孤独和压抑的外在表现，是对现实环境的一种反抗和宣泄。因此，它远非人们泛泛而谈的"爱"与"人性"的迷失所能概括的。

三、读懂自我而主客融合

分析到这里，《囚》文的审美价值已经很显豁了。不过，还不够。还得从言语思维的角度继续追问：《囚》文中究竟有几个生命个体？如果是两个生命个体，有主、客体之分吗？

这个问题看起来不难：《囚》文中当然有两个生命个体——"我"和常春藤（"绿"是它的抽象概括），"我"是主体，常春藤是客体。

然而，真是这样吗？问题似乎并不那么简单。

如果在《囚》文中，"我"与常春藤的生命没有发生交叉，即"我"没有把常春藤的枝条牵进我的房间，我没有囚绿的话，上述解

---

① 庄景秀.《囚绿记》探微[J]. 文学教育（上），2008（11）：132.

读自然没有任何问题。不过,《囚》文的情况有点特殊,需要换一个角度来思考。

就整篇文章而言,"我"是《囚》文的叙述主体,是"我"爱绿、"我"囚绿、"我"释绿,"我"怀绿,而不是别人。从这个意义上讲,"我"当然是《囚》文的主体,常春藤是客体,这没错。

不过,这样解读是不够的。

当"我""疲累于灰暗的都市的天空,和黄漠的平原"时,当我孤独地前行在满目疮痍的国土上时,"我"居然有机缘和象征生命、希望、慰安和快乐的"绿"如此地接近。这让"我"的一颗孤独的心稍稍有了一丝平静与安宁,于是,"我""了截爽直"地选择了这间简陋的公寓,于是,"我"快活地坐在窗前,以"揠苗助长"的心情,"天天望着窗口常春藤的生长",甚至,"下雨的时候,我爱它淅沥的声音,婆娑的摆舞",于是,"我"的一颗孤独的心因为"了解自然无声的语言",也因为自然也"了解我的语言",而"忘记了困倦的旅程和以往的许多不快的记忆",而不再孤独。

也就是说,此时的"我""把绿色当作生命的象征,自由的化身","以至竟到了物我两化"的境地。① "绿"在陆蠡的特殊的生命语境中,早已超越了一个独立的生命个体的价值范畴,孤独的"我"把全部的情思投注到自然界——"绿"中。因为"我"从"绿"这个"物"中读到了自己,写"绿"其实便是写自己,是"我"中有"物(绿)","物(绿)"中有"我"。从这个意义上讲,"绿"已然超脱毫无情感的客体,而与"我"浑然熔铸在一起,俨然成了另一个"我"。

这样一来,下文的囚绿、释绿、怀绿,便是再自然不过的事情了。尽管一个"囚"字,很容易让人产生游离生命语境的遐想,但

---

① 王幼耕. 曲折有致,寓意深邃:读陆蠡的《囚绿记》[J]. 宁波师专学报(社会科学版),1982(2):88.

"囚"字本身却是"我"孤独内心的强烈表现。"我"之所以囚绿，更深层的原因，是期望绿能"装饰我过于抑郁的心情"，期望自己不再孤独，期望"我"能拥有绿的生命、希望、慰安和快乐。

然而，囚绿后，"它渐渐失去了青苍的颜色"，"枝条变成细瘦，变成娇弱，好像病了的孩子"，于是"我""恼怒"了。这个"它"，显然已经不仅仅是字面意义上的"绿友"了，因为，此时的绿便是"我"，所以，"我""恼怒"的不仅是绿本身，更是"我"自己。本就孤独的"我"，竟然被自己再次"囚禁"，"我"能不恼怒吗？

但"恼怒"之后，便是更深的理解："我"再一次从绿的衰弱中，读到了自己，"孤独而陌生"的"我"不能再被自己"囚禁"了，于是，"我"珍重地开释了绿，并在离开北平一年之后还怀念绿。

因此，《囚》文中虽有两个生命个体，但是作者运用主客融合言语思维，把"我"与绿早已熔铸在一起，形成了一个生命整体，主、客体之分已无从谈起。

纵观《囚》文，因为孤独，"我"选择了有绿的房间；因为对自由的极度向往与追求而囚绿；因为从绿的身上更深层次地读懂了"我"自己，体会到特定语境下无以言状的"孤独"，而珍重地开释了绿；因为身处"孤岛"，与文化战士的隔绝，而满怀孤独地怀念绿。因此，《囚》文从本质上讲，讲的是"我"这样一个对自由充满向往，对未来充满希望，而现实又是那么的严峻，以致一个孤独的灵魂无处安放的生命，只能寄情于绿的凄苦的生命苦旅。

后 记

2022年，我艰难地出版了"言语思维教学"系列论著的第一本《小说可以这样读——言语思维解读18课》，又趁热打铁，于2023年出版了这个系列的第二本《小说可以这样教——言语思维教学18式》。完成这两部专著的出版之后，便开始着手准备第三本的写作。本想着，这些年来，我一直专注于言语思维教学的理论研究与实践探索，在专业上自认为还是有所精进的，再加上在前两本专著的写作中积累了一些经验，怎么说，第三本专著即本书的写作，应该会顺畅许多，至少不会太难。

然而，我实在是聪明过了头！

我的第二本专著交稿日期是2023年1月底，这就是说，第三本专著的写作准备，实际上从2023年3月就开始了。为了慎重起见，也是为了对专业负责和对读者负责，在前期研究的基础上，我又埋头扎扎实实地进行了三个月的理论阅读。在自以为做好了充分准备后，便于2023年6月开始了我的不紧不慢的写作，原计划2024年1月完稿，5月份正式出版面市。哪知道，这一写就是一年零三个月，一直到2024年8月底才交稿。这着实把我惊着了。

为什么会这样呢？我不禁陷入了深深的反思之中。

难道我对学术研究没有保持足够的努力和敬畏之心吗？不，这样说，似乎有失公允。在进行言语思维教学研究之前，我已进行了多年的理论准备和实践准备。我早年研究的是"非构思"阅读教学和"非构思"写作教学，发表了一系列的相关论文。我的言语思维教学的主要理论来源就是我的导师、四川师范大学的博导马正平教授的"非构思"理论。后来，在马老的精心指导下，我从"非构思"语文教学研究转向言语思维教学研究。近年来，又得到了福建师范大学博导李功连教授的指导，继续在言语思维教学研究的道路上深耕。

既然如此，为什么本书的写作还会如此艰难呢？

现在想来，还是我太想当然了，本质上，仍然属于准备不足。本来用思维来研究思维就很容易陷入悖论，再加上跟自然科学和社会科学中的相关学科比起来，言语思维学还十分不成熟，尚处于前科学阶段，在这样的理论状况下进行言语思维教学研究，难度之大，可想而知。写作本书自然不会轻松。这是原因之一。

原因之二，文艺性散文作为文学样式的一种，到目前为止，还没有形成系统的被普遍认可的理论架构。在相关文艺理论严重缺失的情况下进行大规模的散文解读研究，无疑是有风险的，必然会给本书的写作增加一层新的难度。

相对而言，上述两个原因，属于不可抗拒的外在客观性的原因，如果说还可以理解的话，那么，造成本书完稿一再拖延的第三个原因似乎就不可原谅了。我的导师马正平先生一直告诫我说，要想深入研究语文教学，就要以言语思维为基础，以时空美学为旨归，言语、思维、审美缺一不可。而我恰恰没有把时空美学的研读太放在心上。其中的原因是多重的，一方面在我看来，言语思维是言语思维，美是美，是两个完全不同的概念，分别隶属于两个不同的学科，强行把它们拧在一起，不太合适；另一方面，可能也是最重要的，在我看来，美学是一门极难说得清楚，且极难学有精进的学科，到现在为止，连什么是"美"，美学的研究对象是什么，还处于众说纷纭之中，而我

后 记

从事言语思维教学研究的时间并不算长,言语思维及言语思维教学的许多概念、原理都没有研究透彻,在这样的状况下,贸然进入另一个学科领域,我怕自己的学术能力太过羸弱,无法驾驭,到时候,言语思维教学没有研究好,审美教学研究也成了半拉子工程,这样的局面是我不愿看到的。

也许正因为心中有这样那样的顾忌,我犹豫不决了许久,虽然在口头上答应导师要深度研读时空美学的相关理论,但是实际上我并没有那么做。这样做的后果是显而易见的,美学理论的严重欠缺,使得我在进行散文言语思维解读时,缺少了一种审美自觉,而文艺性散文属于文学艺术的一种样式,是艺术就一定会追求审美,这是由艺术的本质特性决定了的,而我现在恰恰就缺少了这至关重要的审美自觉,仅仅依靠本能的审美意识,又怎能把散文解读好呢?因此,写作本书必然会遇到很多困难,耽误写作进度就在所难免了。

现在回想起来,对于言语思维教学研究,我还是缺少了一份真正意义上的对学术的敬畏之心。静心细思,我缺少的又何止是时空美学理论呢?在接下来的言语思维教学研究中,我要调整心态,不仅要做好美学准备,更要做好心理学、语言学、哲学和思维学的准备。任何一个理论环节上的准备出了问题,都会影响言语思维教学研究的深入。我必须分门别类地对相关理论进行研读,并把它们融会贯通在言语思维的教学研究之中。

除了理论准备,还必须重视实证经验条件的准备。相对于自然科学研究,人文科学研究本身就缺乏必要的实验基础。语文教学研究的论文虽然也有引用参考文献的习惯,但是我们在引用这些参考文献时,大多引用的是别人论文论著中的观点,而不是基于科学的、可重复再现的实验数据。这在事实上必然会造成人文科学的论文价值,在科学性上跟自然科学论文比起来存在着较大的距离。这当然是由人文科学的学科性质决定的,但是,这绝不能成为人文科学研究的挡箭牌。在接下来的言语思维教学研究中，我必须坚持以实证经验为根据的方法论立场，力求杜绝任何离开实证经验的抽象思辨。这样，才能最大限度地以科学的精神和科学的样态推进言语思维教学研究的深入。

除此之外，还必须遵循最佳的逻辑规律，运用最佳的逻辑形式结构自己的研究成果。这其实也是语文教学研究等人文学科研究的一个天然的缺陷，不过，这并非无法弥补。只要我们树立严谨的学科意识和科学精神，我们是可以把言语思维教学研究以科学的形态真正深入下去，从而为后期的言语思维阅读教学论和言语思维写作教学论的建构与写作打下坚实的基础。

在本书的写作过程中，我得到了责任编辑马明秀老师的精心指点，无论是"言语思维教学"系列论著的总体规划，还是本书书目的最后确定，她都给出了许多建设性的建议。在此深表感谢。江苏省初中语文名师工作室的十四位成员陈晟、孟振群、蔡丽霞、沈洁、邓薇、邹永霞、陈瑜、季勇、王通明、林志文、许媛、龚显爱、李菊香、石玉松等老师，他们言语思维教学的系列讲座和言语思维课堂教学实践，也为本书的写作提供了有力的实证支持。在此一并谢过。

王　清
2024 年 10 月 2 日

参考文献

一、学术类著作

◆［俄］列夫·维果茨基. 思维与语言［M］. 李维，译. 北京：北京大学出版社，2010.

◆马正平. 写的智慧（1－5卷）［M］. 重庆：西南师范大学出版社，1995.

◆马正平. 高等写作学引论［M］. 北京：中国人民大学出版社，2011.

◆马正平. 高等写作思维训练教程［M］. 北京：中国人民大学出版社，2010.

◆马正平. 高等基础写作训练教程［M］. 北京：中国人民大学出版社，2011.

◆马正平. 中学写作教学新思维［M］. 北京：中国人民大学出版社，2004.

◆钱学森. 关于思维科学［M］. 上海：上海人民出版社，1986.

◆郭京龙，郭志族. 中国思维科学研究报告［M］. 北京：中国社会出版社，2007.

◆杜福磊. 中国写作学理论研究与发展［M］. 北京：中央编译

出版社，2004.

◆苏富忠. 思维科学［M］. 哈尔滨：黑龙江人民出版社，2002.

◆朱智贤，林崇德. 思维发展心理学［M］. 北京：北京师范大学出版社，2002.

◆段建军，李伟. 写作思维学导论［M］. 北京：中国社会科学出版社，2004.

◆徐德明，李真. 朱自清传［M］. 北京：团结出版社，1999.

◆蒋荫楠，严迪昌. 朱自清散文的语言艺术［M］. 福州：福建教育出版社，1988.

◆陈孝全，刘泰隆. 朱自清作品欣赏［M］. 南宁：广西人民出版社，1981.

◆［加拿大］高辛勇. 修辞学与文学阅读［M］. 北京：北京大学出版社，1997.

◆刘运峰. 1917 - 1927 中国新文学大系导言集［G］. 天津：天津人民出版社，2009.

◆王本朝. 老舍研究［M］. 重庆：重庆大学出版社，2013.

◆孙绍振，孙彦君. 文学文本解读学［M］. 北京：北京大学出版社，2015.

◆孙绍振. 文学创作论［M］. 福州：海峡文艺出版社，2009.

◆曹明海. 语文教学解读学［M］. 济南：山东人民出版社，2007.

◆江克东. 散文创作论［M］. 长春：吉林文史出版社，2019.

◆刘九洲. 艺术意境概论［M］. 武昌：华中师范大学出版社，1987.

◆钱理群，孙绍振，王富仁. 解读语文［M］. 福州：福建人民出版社，2010.

◆孙绍振. 名作细读：微观分析个案研究［M］. 上海：上海教

育出版社，2009.

◆孙绍振. 孙绍振如是解读作品［M］. 福州：福建教育出版社，2007.

◆贾植芳. 现代散文鉴赏辞典［K］. 上海：上海辞书出版社，2003.

◆张必隐. 阅读心理学［M］. 北京：北京师范大学出版社，2004.

◆龙协涛. 文学阅读学［M］. 北京：北京大学出版社，2004.

◆王荣生. 散文教学教什么［M］. 上海：华东师范大学出版社，2014.

二、文学类著作

◆姜建，吴为公. 朱自清年谱［M］. 北京：光明日报出版社，2010.

◆朱乔森. 朱自清全集（第八卷）［M］. 南京：江苏教育出版社，1993.

◆朱乔森. 朱自清全集（第四卷）［M］. 南京：江苏教育出版社，1990.

◆舒乙. 我的父亲老舍［M］. 沈阳：辽宁人民出版社，2004.

◆老舍. 老舍自传［M］. 广州：广东人民出版社，2018.

◆史铁生. 我与地坛［M］. 长沙：湖南文艺出版社，2016.

三、博士论文

◆孙彦君. 论孙绍振文本解读的实践及理论建构［D］. 福州：福建师范大学，2013.

◆张炜炜. 老舍与语文教育［D］. 济南：山东师范大学，2006.

◆李本友. 文本与理解：语文阅读教学的哲学诠释学研究［D］.

重庆：西南大学，2012.

◆贡如云. 语篇学视域下的语文阅读教学研究[D]. 南京：南京师范大学，2017.

四、C 刊论文

◆吴周文. 诗教理想与人格理想的互融：论朱自清散文的美学风格[J]. 文学评论，1993（6）.

◆霍秀全. 朱自清散文理论探析[J]. 北京社会科学，2000（11）.

◆李林荣. 作为文体的散文：灵魂的彰显与照亮[J]. 文艺争鸣，1998（4）.

◆李斌辉.《背影》作为课文的教学史研究[J]. 课程·教材·教法，2016（5）.

◆赵焕亭.《背影》教学史[J]. 中国现代文学研究丛刊，2009（3）.

◆梁建先，宋剑华. 论朱自清对新文学"父亲"批判的自我反思[J]. 中国现代文学研究丛刊，2017（9）.

◆黄键. 文本内外：《背影》的症候分析[J]. 文化与诗学，2015（1）.

◆吴周文，张王飞. 朱自清散文文体的独创性及特殊的"语言指纹"[J]. 江苏社会科学，2017（1）.

◆张渝生. 论史铁生散文的终极追问与世俗情怀[J]. 江西社会科学，2007（2）.

◆史铁生. 宿命的写作：在苏州大学"小说家讲坛"上的书面讲演[J]. 当代作家评论，2003（1）.

◆欧阳光明. 从"残疾的人"到"人的残疾"：论史铁生创作的精神嬗变[J]. 中国现代文学研究丛刊，2016（12）.

教育发现

教育发现